職場巧實力

說話不費力
縱橫職場無往不利

Smart Power

目錄

Chapter 2

職場好感度七大重點

Chapter 3

個人職場生存守則

Chapter 5 團隊的共識與共事

Chapter 6 堅持人所不能，才能出類拔萃

【序】

睽違多年，再次以作家身分出版新書，心情很是興奮。開心有這樣的機會，能夠將自己多年來的職場觀察與經驗，分享給更多人，也期待大家可以獲得幫助或啟發。

這本書的主軸是「職場軟實力轉型」。之所以會選擇這個議題，是因為我觀察到現代職場中「軟實力」的重要性日益凸顯，然而，許多人卻沒有意識到這一點，甚至認為軟實力是理所當然的，不需要特別學習。

軟實力其實是職場成功的重要基礎。它能夠幫助我們有效溝通、建立良好的人際關係、解決問題、應對壓力，以及在複雜的環境中做出明智的決策。

在過去，職場中重視的是硬實力。也就是說，只要具備了專業知識與技能，就可以在職場上取得成功。然而，隨著時代變遷，職場環境變得更加複雜多變，硬實力和軟實力就像理論和實務的關係。

專業是以理論為基礎的硬實力，但是到了第一現場，實務工作常常都不是按著理論來走，而是照著「隨機應變」的巧實力來累積成功。因此，在職場中，我們不僅要注重硬實力的培養，也要重視軟實力的提升。只有具備了扎實的硬實力和良好的軟實力，才能在職場上游刃有餘，取得你的目標。

「巧實力」是指在具備一定硬實力基礎上，能夠靈活運用軟實力，在複雜多變的環境中，做出明智的決策，取得成功的能力。

硬實力是職場基本條件，軟實力能讓你帶動團隊運轉，「巧實力」則會讓人心甘情願完成你所指示的任務。在職場或商場，巧實力都是不可或缺的要素，巧實力能夠讓人喜歡你、信任你、並想要追隨在你領導之下。無論是應徵新工作、想要獲得升遷，或者爭取更多資源，巧實力都能在職場上助你一臂之力。至於它的重要性，我認為有：

一、職場環境變得更加複雜多變，要求能夠快速適應變化，而巧實力能夠幫助讀者在變化中保持敏捷性。

二、企業的競爭日趨激烈，要求能夠在競爭中脫穎而出，而巧實力能夠幫助我們在競爭中取得優勢。

三、企業更加注重員工的全面發展，要求能夠具備良好的巧實力，以應對職場中的各種挑戰。

很多人認為巧實力是「自然而然」形成，但事實上並非如此，巧實力的養成是需要透過學習以及練習而成的行為。正如硬實力一般，多是受過專業課程訓練才獲得知識；但人的一生中鮮少被教導如何「應對進退」。在各大企業和精品產業中授課，我發現許多人都具有相關知識，但卻少了服務魅力，產品介紹變成一種沒有溫度的真人語音導覽，讓原本有成交的機會卻因為缺乏巧實力的施展而錯失了，實在很可惜。

本書中，我將特別著墨於巧實力的提升。也希望透過本書，能夠幫助大家理解巧實力的重要性，並掌握提升巧實力的有效方法。

因為有過去，才有現在，然後前往未來。繼續往前走，不需要否定已成為過去的事實，只需要專注現在能改變的每一刻；否則未來，仍會和過去相同。希望這本書能夠讓大家在日常生活中，透過巧實力，發揮影響力和展現熱情，進而感染身邊的人，讓巧實力擴散到工作團隊，甚至創造公司正向價值。

王東明

有實力，還要有巧實力

人生就是一場戲，這場戲一邊在「演戲」、一邊在「遊戲」，在不同的位置上扮演不同的角色，而每個角色都有自己要玩的遊戲。

這個遊戲還有另一個名稱，博弈。談到博弈，許多人直接聯想到賭博，但實際上「博弈」是指在遊戲規則下，所有的玩家處於同一個環境，依照所掌握的訊息，做出各種決策，目標則是降低風險和利益最大化。

只要需要與人互動，就會有遊戲；而要贏得賽局，有時需要演戲。既然是要贏，那就不僅要考慮自己的策略，還要推敲別人的選擇。博弈遊戲簡直就是職場的縮影，有輸有贏、有時好運有時錯失，即使擁有頂尖專業、技術超群也不一定能贏，可能一個失誤就讓整個牌局翻轉。甚至當你決定出哪張牌的那刻，就決定了接下來的動向。

想要在職場中贏得勝利，就不能僅僅只想自己要打什麼牌，還得掌握勝負的關鍵，以及仰賴俯瞰大局的能力——這種能力也會因高度不同而視角不同。極端來說，能夠運籌帷幄的人就能贏得利益，而這不僅需要專業技術的硬實力，也需要與人互動的軟實力與巧實力。

哈佛大學教授約瑟夫・奈伊（Joseph Nye）提出了「硬實力」和「軟實力[1]」的概念後，如何軟硬兼施的技巧，就成了更上一層樓的「巧實力（Smart power）」。

職場上的專業是「硬實力（Hard skill或Hard power）」，泛指各行領域的學術專業能力，通常都是教育養成過程中所訓練或培養出的專長。技術能力越強，代表這個人硬實力越強。硬實力是基本的職能，但是人外有人、天外有天，專業也需要與時俱進。

巧實力就是Smart power，就像台語講的「巧（khiáu）」，聰明做事。

軟實力比較像是課外的東西——專業以外的跨領域的學習，或者其他加成的東西；巧實力則比較是街頭智慧street smart——怎麼解決和面對。若以餐廳來比喻，廚師能燒出好菜，這是硬實力；能夠把菜色擺盤漂亮，裝飾內容，這是軟實力；上菜時的服務和介紹，這就是巧實力；巧實力是聰明的做，而不是投機取巧。巧實力也就是如何因應人、事、時、地、物不同狀況，巧妙應用硬實力和軟實力的能力。

我以前在當婚禮主持人的時候，常會需要調整音響與麥克風，連場控的燈光以及攝影，也都慢慢在每次的主持累積中熟悉，那時候只覺得：要把手邊的任何事情做到位，也要把裡頭的原理拆解清楚。當時並沒有想到自己有天會當講師。

有一次對幾百人授課的場子中，會場的麥克風有問題，台下又有很重要的客戶長官，那時候以我的直覺就知道哪邊的音源線可能接錯，於是很快速的調整後，立刻恢復正常運作。

我常跟學生說，所走的每一步路都不會白費，音響出問題，我能夠立刻想出解決方案，其實是當婚禮主持人時練出來的。有些人剛踏入職場，都會想要求

1 軟實力一詞，是約瑟夫・奈伊（Joseph S. Nye）於著作"**Bound to Lead: The Changing Nature Of American Power**"（暫譯：《美國日不落》）中提出來的。奈伊曾任助理國防部長、美國國家情報委員會主席，以及副國務次卿。

快，甚至走捷徑，但是人生中有許多捷徑到最後可能會帶你回到原點，然後重新開始——一開始好像領先了，但是最後可能發現是一條「劫」徑。

許多人進入到職場，會開始變得油嘴滑舌，然後開始練習說場面話以及和高層打好關係，然後靠著關係以為就沒有關係。但是職場中，有時往往「沒事就沒事，但有事的時候通常都是大事」，如果沒有扎實的能力在背後撐腰，很容易就會中箭落馬。

「先求有，再求好，最後求經典」是我對工作的態度。而我常說在工作上要表現優秀；「優」其實就是一種硬實力，「秀」則是一種巧實力。

既然硬實力的專業已經是基礎，但每個人都硬碰硬，難免擦出火花，到時候星星之火燎原，就會成為一個問題的製造者。

硬實力可以靠後天快速學習，也可以很快量化，通常是你履歷上可以寫出來的專業內容。但是履歷上難以呈現「軟實力」和「巧實力」。若要增加自身價值，或者獲得上級賞識獲得拔擢，「軟實力（Soft skill或Soft power）」較相形重要。

軟實力通常需要協作力、溝通力、適應力、學習力、創造力、執行力和情緒力，這和人格特質有關係。換句話說能夠帶領團隊脫穎而出的特質與軟實力有關，軟實力可以視為溝通、協調與整合的能力，具有魅力與吸引力，並且展現說服力。

CHAPTER 1
說話之道

Lesson 1.
「言」有正向影響力，也有負向破壞力

人與人之間的互動，往往透過語言和非語言訊息的交流，但是我在企業授課的時候常發現，演練時有些學員語言表達的很好，但是非語言的肢體就會讓人感覺不夠有自信，或者給人不誠懇的樣子，相對就消弱了語言內容的可信度。

相對的，也有人肢體語言非常豐富，甚至到了浮誇的地步，但是語言訊息卻沒有什麼內容。然而一個有效的溝通和表達其實兩者都要相輔相成。

語言非常有力量，它可以帶來正向的影響力，也可能產生負向的破壞力。同樣一句話，怎麼說？誰說？什麼時候說？都需要精心設計安排。有句話說「一言不合」，就是因為一句話而造成了極大的衝突。

話也有一體兩面，出口前需要經過整理

因為教授溝通及銷售的背景，我有機會擔任飯店業的顧問講師。有些服務專業人員常常會心直口快，想到什麼就說什麼、看到什麼就說什麼，往往造成不必要的紛爭。然而事情往往都有一體兩面，而這個「一體兩面」就是我們說話可以巧妙去表達的巧思。

譬如飯店服務常會遇到顧客隨手帶走不能攜出的備品，像是枕頭、浴袍，或者客房內相關設備等，像是熱水壺。早期退房的標準作業流程還沒有很精準的時候，房客把不能帶走的物品帶走後，往往都是等到客戶退房了，飯店才發現損失，以致於會趁客人在飯店櫃檯辦理退房的時候，確認客房有沒有受到破壞。這時有些服務生可能會說：「退房嗎？請稍等一下，我們看看客房是否有物品缺損。」這樣的描述反應了飯店的作業流程，但卻也間接把顧客當作竊賊懷疑，當然會引起不必要的客訴。

而我們說事情的一體兩面，客房除了飯店的角度，也能從房客的角度，檢查

物品有沒有缺損。前述是從飯店的角度，但如果從房客的角度，就可以確認有沒有東西遺留在房間。因此，若把這句話調整為：「退房嗎？請稍候一下，我們先替您確認是否有個人物品遺落在房間忘了帶走。」這樣一來，反而會讓消費者覺得飯店細心、設想周到。

雖然現在的服務和接待和以往已經大不相同，同時也相對比較知道怎麼樣和客戶應對，但是這邊是想要表達：同樣的話，換個方式詮釋就有截然不同的感受。

即便是自己的好朋友，更需要小心說話。多數時候我們會誤以為與對方關係很好，而口不擇言，這時萬一誤觸對方地雷，常常就會一發不可收拾。

先前有個藝人要嫁女兒，在媒體上說：「有一位朋友沒有到場，就只有包幾千塊，像這種紅包可以不用包。」氣得對方回應：「如果不滿意，那對不起。」接著該名藝人才打圓場說，「僅是因為好朋友，所以才想說可以開玩笑，並沒有不敬的意思。」問題是這樣的「玩笑」，脫口而出在大眾媒體前，恐怕真的是「玩」笑過頭了。

我們都知道「禍從口出」的道理，但是卻又常常口無遮攔，心裡想的和嘴裡說的總存在著落差。若是看到身邊的朋友心情沮喪，我們的問候可能會說：「為什麼又心情不好？」這句話聽起來好像在說他心情不好似乎不應該。其實只要調整為「怎麼了？」的問候，對方的感受就會差很多。

「為什麼」與「怎麼了」看似相近，但實際上有很大的感受差異。「為什麼」帶有質問，「怎麼了」則是詢問事情的緣由外，背後還多了關心。

除了關心，其實身邊親友若有好事情發生，也可以主動表達你注意到了。因為無論好事或者壞事，都是建構出每個個體的人生故事。像是當一個人的打扮有所改變時，被注意到是值得開心的事情。

女生心血來潮改變髮型，如果這時候有被身邊的人發現，通常她會很開心。這時候如果懂得察言觀色，主動表示「換髮型了，這個造型很適合妳」，或是「新髮型讓妳看起來更年輕了」，這些表達都會讓對方在心裡留下「你有注意我」的印象。

但有些人就是講話直接——直接到讓對方想跟你切八段——沒有人際互動敏

銳度（白話文就是「白目」）的人就會脫口而出：「換新髮型了，跟男朋友分手了喔？」、「換新髮型，妳心情不好吼！」、「換新髮型？妳想不開喔？」這些說法只會讓對方白眼翻到後腦勺，心理打個叉叉，覺得：你這個人很糟。

Lesson 2. 言之有ㄨˋ

我們每天都在說話，也都透過口語在交流，但是從小到大的教育裡，幾乎都沒有教我們如何溝通、簡報或發表演講。

台灣的學生比起歐美國家的學童，比較少問為什麼，問問題的學生常會被貼標籤為難搞，但實際上，會問問題的人才是會思考的人。

然而這麼重要的能力，卻多數交給國文老師來訓練，以致於多數人在職場上很會打報告、寫公文，但卻不怎麼會講話，或者可以寫出一篇文章，但卻無法在一分鐘說出重點，甚至一上台就結結巴巴，好像對自己要分享的東西沒有信心——但其實，說話是可以訓練的。

我將每個人說話的內容分為六種類型：言之有物、霧、誤、務、悟、惡。

在說話溝通的時候，我們期待自己或者別人說的都「言之有物」，做個影響社會的大人物，或者在自己的專業領域裡，成為意見領袖。說話很有料，常會讓聽的人有新的體悟或者獲得新的概念知識，這種人會讓人喜歡跟他交流，甚至激盪出非常創新的點子。

唸書時內向害羞，說話表達常常讓聽的人感受到言之有「霧」，有聽沒有懂，一臉霧煞煞。但是這種狀況持續到了職場，慢慢的習慣了說話繞圈圈，總是兜了一大圈之後，以為自己講得很清楚，但是聽眾卻覺得很模糊。這種情況在跨部門溝通時常會出現，常會以為自己懂的，別人也要理所當然了解；但事實上跨部門就是隔行如隔山，許多不必要的誤會也就會在這時候產生。這類的溝通也常常會發生在使用很多專業術語時，講的人感覺很優越，聽的人越聽越不對。

出社會工作時，跟同事主管溝通時如果言之有「誤」，錯誤、衝突和誤會就會這樣無端產生。因為我們都是站在自己的角度去表達，沒有特別經過訓練的人，鮮少能夠在表達自己時又同時體會對方的感受。或者另一種狀況是，在溝通時分心，疏忽了細節，導致差之毫釐、失之千里，比如老闆說這個產品對外的報價是一千元，但他指的是美金，而你誤以為是台幣，那就是天差地遠了。

說對方想聽的，講我們該講的

當主管時，對所有的夥伴、客戶做工作協調時，必定要言之有「務」，明確清楚，帶領大家完成任務。團隊合作時，需要知道彼此的任務，以及互相提供資源，並適時的給予支援。

多數的工作都像是團體賽，不是單看個人表現，而是看整體的默契。就好比籃球比賽，贏球是團隊贏得勝利，而非個人。如果當中一位夥伴要傳球時，另外一位夥伴說「那是你的球，我幹嘛接？」那麼球就會被拋出界，然後你就做球成功了——只是球是做給對手了，而不是自己團隊的選手。

有些話很容易啟發人心，例如教師，授課的內容讓聽的人言之有「悟」，可以悟出其中道理。像我喜歡推薦學生去看電影，因為電影劇本很多是現實人生的縮影，我們不用血淋淋的經歷現實的折磨，卻可以學到劇中主角怎麼克服這些障礙。

「教師」不一定都是要用「說」的，因為這樣只會讓人家覺得在「說教」，有時候用電影、書籍、故事讓他們去體悟，反而更能夠從內心獲得啟發。

最後，要提醒自己別言之有「惡」。有些人天生就會讓人心生畏懼，如果臉上再缺少了笑容，更容易讓人覺得這個人是不是什麼凶神惡煞。也有些人慈眉善目，但是說起話來得理不饒人，甚至惡言相向——這時候再多的好話都會變成惡話。

我有很多朋友是當爸媽的，孩子一生病時，明明就是很擔心，也很擔心孩子的狀況，內心想的是「怎麼感冒了？哪裡不舒服？要跟爸爸媽媽說喔！」但說出口的卻變成：「又感冒了吼！誰叫你不穿外套！活該！」也許關心是一樣的，但是對方接收到的感受卻是截然不同的。

說話，有三好三壞，三好是「言之有物」、「言之有務」、「言之有悟」；三壞是「言之有霧」、「言之有誤」、「言之有惡」。期待我們都能表達出語言的三好，並且常常優化更新、跟著趨勢走，常常反省自己，另外也要常常聽自己說話，知道「自己真正想說的是什麼」。

Lesson 3. 有事好好說，有話慢慢講

我的某一位學生擔任美術教師，但有一回學生家長怒氣沖沖地對他說：「我讓孩子來這裡學畫圖，但到現在還是美術不好，我要退費不讓他學了。」這時候怎麼辦？

這種都已經學了一半的課程，而且又是主觀美感的教學，實在很難直接退費。這時候或許可以先了解學生家長的心情，先接納對方的感受，告訴他：「你說得對。你一定很期待孩子能夠有美術才能，所以才在眾多的美術教室中選擇我們，結果不如預期一定讓你很失望。」先認同對方的情緒。

「謝謝你特地過來這一趟，而不是直接打電話。」接著了解狀況後，可以順勢說：「其實學習是需要時間的，而美感是需要透過薰陶的。」接納對方的情緒

後，再說出正確的事實。美術有些是天生的，有些是後天學習，有些則是需要透過老師去引導。雖然沒有辦法短時間達到明顯標準，這半年，小朋友也很努力投入學習（小朋友沒有不想去、沒有不想學習），告訴家長「看看他一開始來的作品和現在的作品，有很大的進步。」試著與對方溝通。

就心理學而言，情緒有「初級情緒」和「次級情緒」的歷程。像是「憤怒」的背後往往是有期待或者有擔憂，甚至其他的情緒，所以憤怒是「次級情緒」。所以當感覺到對方的憤怒或生氣時，可以先讓自己冷靜下來，想想對方怒氣背後真正的感受。像是客戶會生氣是因為對產品抱有期待、家人會生氣是因為他們對你的擔心等。只是這背後的原始動機，往往被憤怒的情緒所掩蓋，進而造成衝突，而且越是關係越好的夥伴，越容易誘發我們的情緒。就像家人、一起共事的夥伴，這些人因為和我們比較親近，因此會有較高的期待或期許，又或者因為親近，所以你越不會去遮掩自己的感受。

我常常鼓勵學生「往前走」。像是在重要的場合或是會議，不小心發生了失誤，有時候會沉浸在懊悔裡；又或者被莫名言語攻擊，覺得委屈沮喪。我會引導學生：看見事實的真相，並且接受既定的事實，才能夠繼續學習成長。我們無法改變已經發生的事情，但可以改變它的意義。

把話說得漂亮還不夠，要把話說得人家聽得懂

蛋糕體是基底，外表的奶油裝飾看客戶的需求而有所不同。有些是華而不實，蛋糕基底不好吃；但有些蛋糕好吃，外面裝飾卻沒有包裝。內外兼具的概念，就像將商品做到客製化，沒看到的地方也要用心。我覺得做蛋糕的過程，就很像一個學習客製化的歷程，隨著觀察客戶的喜好，去調整基底和鮮奶油裝飾。

臉蛋上了妝容後，就是會散發出魅力。每個人都會說話，但不一定會把話說得漂亮。你說了，對方聽不懂；人家聽懂的，不是你想說的，你真正的想法，就無法傳遞出去。

當人和人之間說話互動時，問的問題大概脫離不了三種類型：

一、客套話

「最近好嗎？」、「最近都在忙什麼？」等寒暄或者開場。但是如果想要關心別人，與其問最近好嗎，詢問對方「最近都在做些什麼呢」，更會讓人覺得真心。

二、確認事實

比如「所以哪天我們要進行下一次會議？」，將已經經過討論的重點，再重新提醒確認。

三、試探性問題

比如「你覺得這個想法怎麼樣？」，其實已經有自己的想法了，只是試探性或者意思意思問問而已。

說話的內容可能沒有錯誤，但是語氣和眼神肢體動作沒有到位，就容易引起不必要的紛爭和誤會。懶得做到位，馬上就會有誤會。

記得有一次和前輩在尾牙聚會，對方說：「東明，我們一定要找時間約吃飯。」前輩的這句話我放在心上，也將這件事認定為重要的事，所以事後就請助理聯絡對方。對方一直沒有接電話，直到三天後，助理終於聯絡上了。對方聽起來的聲音像是在休息，接著就把助理罵了一頓。事後我沒有怪助理，因為我也有盲點，當時沒有分辨出前輩是客套話還是真心話。

你或許會覺得人與人之間的交流，為什麼要這麼累？這麼複雜？從心理學的角度，這社會總喜歡包裝過後的人事物，第一印象總是第一個接觸點，外表看起來吸引人才會有進一步的機會。只是，拆開後才會知道裡面的禮物或內容物，自己是否真的喜歡。

Lesson 4. 內容不只要漂亮，還要有內涵

職場上我們常需要對話，但未必都能說對話。溝通不良，輕則引起糾紛誤會，重則可能瓦解一個團隊的士氣。溝通在職場裡扮演幾個重要的角色，包括掌握、激勵、情感表達和資訊傳遞。不過我們在工作上常遇到很多人說了等於沒說，或是感覺有說話，但是聽起來就是怪怪的——通常這種「怪怪的」溝通對話，最後往往很容易出事情，然後說的人就會怪東怪西。

我過去的教學經驗裡發現，評估溝通說話的軟實力有兩個面向，一個是「說得好不好」，另一個是「講得有沒有道理」；前者關於表達的「技巧」，後者關於表達的「內容」。「技巧」和「內容」兩項，也就是我常在授課中和學生分享的「說中點、講重點」。

有效溝通的第一步是要讓人家願意聽你講話，說話的能讓聽話的感到舒服。若還沒有辦法說到這樣的境界，至少也要做到不讓聽的人反感——因為當聽的人在翻白眼的時候，代表他的腦袋也對你的話呈現空白狀態。此外，內容如果沒有底子或內涵，那我們的表達就會吹「談」可破——虎羼（hóo-lān）的發言，人家隨便吐槽就會出現破洞。

溝通需要技巧，更要有料

「技巧」和「內容」這兩項要件，形成了在職場中溝通的四個狀況：

一、說得很好，也有重點。

這類人說話技巧很好，也能夠有效傳遞訊息，往往是能夠說之以理、動之以情的演說者，像是許多TED演講上的知名人物，或者像賈伯斯、歐巴馬、張小燕等人。

二、**說得很好，沒有重點**。

這種人會讓人覺得講話天花亂墜，幽默有趣令人印象深刻，但事後回想對方究竟講了些什麼，卻好像沒有什麼印象。僅是讓人聽起來當下很舒服，但是往往讓聽的人一笑置之——就是笑完之後就放在旁邊閒置。

三、**說得不好，但有重點**。

學富五車、頭頭是道，但是卻沒有人知道他在講什麼。很多人說話總是喜歡夾帶專有名詞，甚至咬文嚼字，讓聽眾感覺好像很厲害，但是聽者卻沒有接收到說者想要表達的訊息。有些專業人士或學校教授常常是這一類型的人（但也有教授很會說話的）。

四、**說得不好，且沒重點**。

不會說話又沒有重點的這類人，從事的大概是不需要與人互動的工作吧。喜歡獨立一個人作業，或者只要一個人就可以完成的工作，不需要與人用語言對談的。

最好的狀況是「說得很好，而且也有重點」，可是遇到這種人的機會往往只有四分之一。最差的狀況則是「說得不好又沒重點」，這種人大概都有溝通障礙了吧。

多數時候我們會遇到的不是「很會說」就是「很有料」的人，若既要「會說又有料」，實在是可遇不可求。也因此我們團隊常會接受到企業的委託，協助專業知識頂尖但是不太會表達的員工夥伴，進一步提升他們在職場的表達力，以免詞不達意而錯失了許多機會。

我們團隊曾經接受一名金融業理專的委託，希望能調整他在與客戶溝通時的盲點。他對於金融保險的產品非常專業，擁有十八張專業證照，但是業績始終不見起色。

我們後來發現，他因為太過專業，以至於客戶聽不懂他說的。客戶了解某項產品都未必會掏錢購買了，更何況是不清不楚的狀況下。偏偏他誤以為自己還不夠專業，還正著手準備第十九張證照。當我們跟他分析說中點、講重點的說話矩陣，他才發現自己太專業也太不專業；專業的是自己的金融保險知識，不專業的是對客戶說話的方式。

另外我也發現他常常西裝筆挺。但是我們分析他的客戶，大多數是中南部、傳產企業的中小企業主，整體打扮都比較有在地風格。這時候我建議他是否試著脫下西裝、將袖子捲起來，找到適合自己談話的穿著。一開始他還很抗拒，但我鼓勵他試試看，結果改變後，業績就達成了。有改變就有新發現，沒有改變就沒有發現。

當然我們在工作生活中，也有遇過另一個極端，很會說但沒有什麼內容，台語說的一隻喙「糊瘰瘰（hôo-luì-luì）」的人。遇到這種狀況，我們就會想辦法找出他的特長，然後鼓勵學生多增加自己的專業素養，並且多歷練以吸收經驗。以免之後被發現僅是半瓶醋——而且那半瓶不是拿來調味，而是拿來酸人的，那就會連說話的調劑功能都浪費了。

Lesson 4. 內容不只要漂亮，還要有內涵

CHAPTER 2

職場好感度七大重點

Lesson 1.
聽：培養耳才，認真聆聽

在授課過程中，我常會跟學員互動一個遊戲，「等一下老師說開始的時候，請所有的夥伴離開自己現在的位置，不帶任何東西、把椅子靠進去，去找跟你不同桌、不同組、不熟悉的夥伴，兩個人一組，可找男生也可以找女生，一個為A，另一個為B。開始！」

每一個人都聽著同樣的內容共三遍，但最後還是有的人椅子沒有靠進去桌子底。這有可能是：他沒有聽到；他有聽到但覺得這不是重點；他沒有聽到，但椅子有靠進去。（本能反應，他將椅子靠進去是受到旁邊的人影響，看到其他人這麼做也跟著做。但如果旁邊做對，那就對；但如果示範對象是錯的，那就會是錯的了。）

所以說，聽「清楚」很重要。聽不懂的時候，有時要再次確認。以醫師的角度，如果聽不懂病患在說什麼，就要澄清症狀；不然誤診，可就出大事了！

除了培養口才，更重要的是需要培養「耳才」——會說也要會聽。職場追求口語表達能力的提升，不僅留心說出自己要說的話，也要留意對方聽到訊息後的反應。

《西遊記》真假美猴王篇記載「善聽」神通，一隻耳高聳筆挺，另一隻耳溫馴下垂，能將「六耳獮猴」和「悟空」分辨出來。中文的聽字由「耳」、「王」、「十」、「目」、「一」、「心」組成，稱「王」的善聽「耳」朵，就好像是「十」隻「眼睛」在觀察以及以「一」個專「心」來聆聽。

辨別別人想聽到的回話

光芒是很棒的東西，它讓一個人閃耀發亮，散發出明星般的光環，但是它也讓一個人無法忍受黑暗。當一個人閃閃發光時候，不會想到自己會有殞落的一天，所以就會用其他的方式讓自己持續耀眼，即便有一些地方開始出現狀況，也會急於否認和合理化，讓這件事情只是一種「意外」——但是意外久了，也常會走歪。

「你想聽真話還是讚美的話？」

「真話。」

有些人想聽真實的話，有些人想聽的其實是真的謊話。就像生病的人，有些人可以接受自己已經生病，有些人則會否認重大疾病的發生。這和人際互動的現實一樣，當他說想聽真話，而是真的謊話時，下次他就不會再找你給建議了。因為他聽完之後，玻璃心也往往碎了一地。他會想要回到原本的地方，拼湊這些殘缺，也不願意面對已經破碎的事實。有些人說這是逃避，有些人會說這是取暖，但不管什麼說法，都是不願意面對真實的樣貌。

這樣的情況也常會出現在自我猜測，當你不確定是不是事實的時候，就別讓自己的胡思亂想影響了。

在職場上，同事或團隊常會針對某個企劃案詢問你的想法，但是這樣的詢問，有時候只是禮貌性的詢問，有些只是想要拿你的建議當作墊背。如果他詢問你的建議，有時候可以掩飾自己真正的想法，然後想著「對方想要聽什麼？」如果沒有辦法聽出弦外之音，或者聆聽出背後真正的意圖，為了討好就會變成吃力不討好，公親也容易變事主。

「你覺得這個專案的規劃如何？」當同事這樣問的時候。

「我覺得某個地方可能需要調整。」

當你是直球對決，通常會讓人家覺得你很不會做人。

「我覺得這個專案很棒，一定能成功。」

雖然這樣講的接受度很高，如果企劃成功，當然沒有問題；但是如果專案失敗，那你就容易被拖下水。怎麼說呢？當你說沒問題的專案，最後是有問題的，那豈不是你的判斷有問題，又或者當初你根本沒看到問題，最後可能就會共同承擔起失敗的責任。

職場客套話，小心別被套

職場中有許多話都是客套話，究竟哪些要當真、哪些聽聽就好，常常都需要加入常識的判斷。現實生活中常會有一些場面話，有些是真的、有些是假的，但總是要透過判斷，才能分辨真假；最慘的是把真的當作假的，把假的當作真的。

我常因為教授服務銷售相關課程，因此常會到百貨或者門市當秘密客，或者實際去購物體會銷售服務流程，但有許多的店家都會有類似這樣的說法：「這個產品簡直就是為您設計的」、「這個產品和您的氣質超搭，不是所有的客戶都適合，您是我見過第一位可以撐起這個產品的紳士」。

我很清楚這些銷售人員講的都是真的——畢竟我是偶像實力派講師。但對於其他客戶來講，這些可能都是場面話，因為不可能所有的產品都專為一個人設計。

職場中也有相似的話，像是主管會跟部屬說：「你好好把這個專案做好，我不會虧待你的。」一部屬認為長官的「不會虧待」是加薪或者獎金之類的，但事後卻發現，獲得更多專案後，能力好、表現佳，獲得的只有「更多的工作機會」，也就是更多、更多做不完的事情。

在職場中常要聆聽什麼話要當真、什麼話不要往心裡去，如果所有的事情都要往心裡去，那一定會讓自己感受不舒服，不同的狀況要有不同的聆聽方式。

時間管理矩陣的史蒂芬・柯維（Steven Covey）曾將聆聽區分為五個層次：

一、**聽而不聞**：左耳進，右耳出。因為不在意，所以聽了也沒有放在心上，常和視而不見的症狀一起出現。

二、**虛應故事**：聽了之後，稍稍有反應，但只是想要打發對方，通常會展現敷衍了事。

三、**選擇訊息**：只挑自己想聽的，自己不想聽的就當作不存在。

四、**專注聆聽**：都有聽到，但是有聽沒有懂，即便很認真接收訊息了，但還是會有不了解的地方。

五、**同理傾聽**：感同身受並能夠設身處地著想，並且做出適當的回應。這種通常會明白另一個人的想法、感受和處境，較不會人云亦云。

傾聽是關注別人，並且更深度了解對方的需求以及反應，為進一步的溝通而做預備。聆聽時要設身處地為對方想一下。每個人說話的時候，都希望別人能夠認真傾聽，並且給予適度的回應，但是有時候在面對客戶或者重要的溝通對象，我們常常會太急著想要分享傳遞訊息，而忘了觀察。要記得，與你談話的人，對他自己的需要，比你以及你的產品更感興趣。

聽出客戶的期待

我有一群學生的職業是日系汽車品牌的客服。客服處理客訴的辛苦，並不是一般人可以理解的，他們往往得第一線面對客戶，但是會找上他們的客戶，常常都是有情緒的，打電話進來，口氣通常也不會太好。現今社會人往往承受許多壓力，當遭受到不舒服的對待時，常常會出現激烈的情緒，或者要求補償——雖然他們承受委屈可能是事實，但是所呈現出來的行為態度，卻可能造成客服人員的心理傷害，這類的客戶常會被標記成黑名單，或者被稱為「漚客（àu-kheh）」。

我常跟這群擔任客服的學生說：「服務業常說沒有不是的顧客，但我覺得客人不總是對的，只是我們要學著用對的方式來應對。」所以要先學習辨識這些客訴背後的目的是什麼。我建議他們累積自己的專業知識資料庫，以及應對的法則，並且平常多加練習，如此就比較不會臨場時才慌亂手腳。

就很像開車的時候，遇到風雨交加、視線不良，但這種情況，可以放慢車速、可以開雙閃黃燈提醒後車注意，甚至可以開到安全的地方，等風雨過去後再繼續上路。見招拆招之前，要累積很多招，如果平常不累積，那麼當真的需要應付突發狀況時，就很容易「落漆（lak-tshat）」。

而這裡的風雨其實就是客戶的情緒。有些客戶只是利用客服專線來抒發自己的壓力──「為了投訴而投訴」本身就是投訴的目的──遇到這種客戶往往怎麼處理他都會不滿意，只能聽他宣洩，也避免自己受到對方挑釁而理智斷線、跟著相互飆罵。（畢竟現在客戶爆料管道很多，一件客訴處理得當，未必會贏得忠實客戶，但是處理不當，卻可能上了新聞版面。）這幾年擔任客服顧問講師，蒐集他們遇過的案例，我將顧客客訴分為幾種類型，提供相對應的說話技巧，讓大家參考：

一、**要求賠償**

使用者造成了極大的不方便，甚至是時間、金錢上的損失，像是產品有瑕疵或損害等，這時候可能會要求公司廠商更換全新的。有些可能是人為損害，並不在保固範圍，若是理性的客戶，會聽客服的解釋說明；但若是產品本身的瑕疵問題，那就要確切了解可以提供的賠償方案，而且需要立即掌握狀況訊息。有些客服在應對這類客戶時，會以「再回報總公司了解狀況」方式來回應，但這樣往往會讓消費者感到對事件掌握度不夠。

二、**要求改善**

要求改善的客戶，遇到的狀況通常未必是產品服務的瑕疵，而是使用上有不熟悉或不方便，或者需要故障排除，像是無線網路無法上網等。這時候通常是希望問題獲得解決，或者改善，通常如果能夠及時處理，並讓客戶滿意，往往都會變成忠實的顧客。

三、**情緒宣洩**

這類的客戶就是想要表達自己的不滿。有時候只是想要單純宣洩自己的情緒，而找個傾訴的對象罷了。而這類往往會牽扯很多過去事件，然後希望能夠獲得安撫或同理。這類客戶通常有種特性，就是每隔一段時間就好像會重複一次相同客訴的內容，有時候會把過去生活的委屈加上去，一次爆發，找出口宣洩。但只要照著公司的流程處理，通常不會引起太大的問題。

四、單純鬧事

這種往往一開始就以金錢或補償為目的，秉持著「有吵的孩子有糖吃」的態度，把所有不相干的事件都怪罪到產品服務上，甚至破口大罵。通常給客戶他們期待的訴求，往往就能停止抱怨。但這也會造成這類客戶食髓知味，因此對於這類客戶的訴求，得要先檢視其合理性，別讓他們覺得可以透過客服向公司予取予求。

聽說的聽說，別說出口

在職場中，常會有小道八卦流傳的情況，你也可能會聽到，但是要怎麼處理呢？

有時候遇到某些客戶，有些人覺得不好服務，有些人服務起來卻得心應手，但如果你事先就聽說某位客戶怎麼樣、或者某位同事怎麼樣，甚至是在說你身邊的朋友怎麼樣，你會相信嗎？

職場很多時候都會有些流言蜚語，但這時候就要懂得什麼話該說、什麼話不該說、什麼話要換個方式說，這也就是察言觀色的技巧。

「談」話、「談」判、「談」心，只要牽涉到說話的行為，都可能出現言多必失。一句不對的話，會讓原本的好事弄得雞飛狗跳。

很多時候，多數人都是想說什麼就說什麼，結果造成一言不合。一言不合會讓兩個人都火大，所以「談」這個字看起來，就好像兩個人心中都有些負面情緒，透過語言來商談，拿捏不好，就會引起大火，然後爭執。所以需要溝通技巧，遇見劍拔弩張的情況仍能「淡」定，澆點水降降火氣。

很多事情找到緣由自然就會看淡了，冷靜後也比較能想得到策略。那要澆什麼水呢？當然就得付出一點口水囉——談，這也是兩個人的連結，因為如果連談都不想談，就代表冷處理或是不想要繼續了解彼此，那麼就會讓關係降到冰點。

流言蜚語的開場白常常會有「聽說」兩個字，「聽說你想離職了？」、「聽說你做得不快樂？」、「聽說你和誰吵架了？」，而這個「聽說」兩個字的後面接著的往往都不是好事，而且八卦的成分居多。這時候就會出現一個窘境：答也不是，不答也不是。答了，說得不好，就會越描越黑；不答，人家就會覺得你是默認。因此遇到這種情況，往往無奈只能往肚子裡吞。

當我遇到這種情況，我往往會反問，「那你是聽誰說的？」因為有些情況是對方自己想像出來，甚至是對方故意要套話的。職場如戰場，很多時候「說者無心，聽者有意」，如果不慎，就會讓自己陷入進退兩難的情況。

我常說溝通就很像在打球，別人把球拋過來，你可以接或不接，但接了也有不同的做球方式，這時候用「你是聽誰說的？」的方式把球做給對方，就會換成對方得要說出訊息來源，這樣就比較可能確認消息來源。

Lesson 2.
看：察言觀色，懂得應對進退

孫悟空的觀察力很敏銳，有一對火眼金星，第一時間就可以看出這個人是妖魔鬼怪，但從他嘴巴說出來時，沒有人相信。就像在職場上觀察到問題，但是講出來沒有人相信——有時候脫口而出，在不對的時機點和場合，可能就會讓上司不高興。

台語有句話叫「目色好」，就是指很會察言觀色。除了對上要懂得上司的臉色，對下也要能夠知道下屬的氣色，才能讓你在工作上如魚得水。

有時候在會議中，可能要傳個訊息，這樣的動作很突出，在團隊中會讓人家不喜歡，又譬如，拿到小費就會想分享喜悅，但如果沒有找到對的時機點，其他的同事可能會覺得你不過只是在炫耀。

「出門看天色，進屋看臉色」，現在很多人不爽看人臉色，總是想要做自己，想怎麼樣就怎麼樣。但是人並不是獨立存在於社會的，要和人做生意總是要察言觀色，還要能聽得懂弦外之音。就像俗話常說「嫌貨就是買貨人」，如果不懂得察言觀色，聽到客人一直嫌、一直嫌，你總不能跟對方回嘴「不然你不要買」吧？

投其所好，用心才有機會

職場中的生意往來，總是需要用點「心機」。多數人聽到「心機」都會認為是負面的，但是如果我們把它理解為「用心才有機會」，那這樣就會好聽且明確許多。商務往來總是需要用點心思，總不能什麼事情都不做，就期待生意自然會做成。

在拜訪會議或者有重要的提案時，怎麼應對進退，然後適時投其所好，甚至不經意的展現忠誠度，自然流露呢？面對具有決定權的關鍵人物或重要的人，想要送禮展現好意，又不至於造成對方的壓力呢？這些當中其實都是有學問的，只是多數在職場工作的人並沒有敏銳到這樣的程度。

我參加一位講師前輩的教學工作坊，課後閒聊時，他聊起慣用的簡報器。他對這款簡報器的功能很熟悉，切換也都上手，但因為簡報器推陳出新，慣用的這款已經絕版，買不到了。

我留意到這位前輩的眼神——一想到以後就絕版、買不到了，難免有些失落。

於是我嘗試上網搜尋，但是遍尋不著；後來我設關鍵字，如果有出現在賣場會有提醒通知。結果有一天，這個停產的簡報器居然有賣家上網拍賣，而且是全新未拆封。儘管賣家特別標註「絕版品，若有異常恕無法退貨」，擔憂能不能用也要等拆封後才知道，以及因為是絕版品，將無零件可維修的風險，但我仍然把它買下來！然後等這位前輩生日時，送給他當作生日禮物。

他收到禮物時，愣了二秒，「東明，你居然找得到！」而那感動的眼神，相信也讓我們的友情更加堅定。

其實很多時候，只要稍加留意，就可以投其所好，只是多數時候我們常常選擇不去注意，沒有用心，當然就沒有機會。但是，如果對方想要的東西太貴重，那該怎麼辦？

許多演藝歌手在淡出舞台前都會舉辦「封麥演唱會」，前有江蕙，後有費玉清。我有一位客戶曾在會議前的閒聊時，說過「應該帶我的家人和媽媽去聽費玉清的演唱會，一家大小都很喜歡他……」

我把他這句不經意的話聽進去，於是就想辦法買到票。

確定我有演唱會的門票後，我可以跟客戶說「送給您。」也可以選擇跟他說「我幫您買。」但我選擇後者。或許你會覺得既然是客戶，就大方地送給他，但直接送給對方，雖然驚喜但會造成他的壓力；但如果是幫他買的，就是一種人情。在職場上總是要懂得人情世故，若不懂得做人情，你就會有事故。

一份好禮，勝過應酬攝取卡路里

有時候送禮送到心坎裡，會讓人覺得溫暖，那種感動其實勝過邀約對方吃飯應酬。

一位客戶的兒子喜歡彈鋼琴，而我在主持東明會客室的廣播節目時，剛好訪問到一位知名音樂家，而且他有出琴譜。所以在錄製節目前我就先買好來賓的琴譜，並且跟這位音樂家說：「音樂之路很辛苦，很多人有音樂夢，卻只能想想，我有一位朋友的兒子希望踏上音樂路，是不是能邀請您在琴譜上簽名和寫些鼓勵的話？我想把琴譜送給朋友的兒子。」

這位音樂家看到我準備的琴譜，不可思議的說：「你怎麼知道我有出琴譜？」（即便是Google得到，也不能說網路上查一查就知道了。）經過「轉化」後我說：「因為我朋友的兒子說您的音樂很有質感。我覺得有質感又動人的音樂家，一定會想把作品呈現給更多人知道，所以就特地找看看有沒有您的作品，後來發現這本琴譜真的超棒的！」音樂家高興的簽名和留下小語，我同時還邀請他錄製一段影片鼓勵這個孩子。當客戶收到這份禮物後，一樣印象深刻；不僅「說中點」，禮也「送中點」。

如果根據二八法則，代表有八成的業績是來自二成的客戶，那麼這二成的客戶有很大的比例是所謂的「高端客戶」。有些人或許認為高端客戶的經營，就要勤於拜訪，甚至應酬吃飯，但是這樣會讓自己很累，而且有些客戶不太喜歡應酬的場合。況且一直邀約對方去吃飯，只會徒增自己的卡路里，除了增胖以外，好像也沒有增加什麼效益。但如果透過用心準備的小禮物，其實就能拉近彼此的距離。一本琴譜，讓音樂家和懷有音樂夢的孩子兩方都高興，是不是比一頓餐還值得？

其實，若沒有敏銳到察言觀色、投其所好，至少也要做到和客戶產生一定的連結度。像是我去A企業開會，就會不經意使用A企業的周邊商品；去B精品店執行顧問案，就會搭配B牌的飾品。不用特別明說，但卻會讓客戶覺得親切，雖然這僅是細節，但這些細節卻可能決定了是否成功的關鍵。

Lesson 3. 動：主動去互動，業績才會動

人與人之間的關係怎麼變疏離的？一個不願意多問，一個不願意說；一個不願意退，一個不想要讓；一個不去追，一個不願等。這不僅是人與人的關係，更是職場上的關係維繫，只要不特意去經營關係，那就會慢慢的沒．關．係。

現代的溝通模式和過往有很大的落差。在通訊軟體還沒有那麼發達的時代背景下，多需要透過書信或者口語表達，才能取得訊息交換，確認彼此的想法。這樣面對面互動的過程，也間接提升了察言觀色與臨場反應的能力。

現在通訊軟體普及，大多會使用臉書、ＩＧ或者推特等方式與親朋好友聯繫，甚至讓失聯的朋友重新取得聯繫，這些平台的好處是可以立即掌握人與人之間的動向。拍照、打卡、上傳的標準流程，然後就會有好友按讚、按愛心或按表

情符號——所有的行為舉止都簡略到用一個按鍵表示，關心程度好像也變成以按讚數來衡量。

疫情期間，許多餐廳改成桌上QR Code點餐，然而這樣有很多不方便。因為有很多人不會用，而且如此一來，餐點就沒有辦法客製化，更降低了服務人員與客戶之間的連結。儘管，當有客人不會使用QR Code點餐時，服務人員可能上前過來說「我來教你怎麼使用」，但客戶來餐廳是要來吃飯的，不是來學習怎麼操作掃QR Code——科技帶來了方便，卻也縮減了人與人的互動。

科技縮短了距離，卻也拉長了距離

有一次我在臉書看到朋友受傷腿斷在醫院的照片，我看了馬上撥電話關心他，問他「還好嗎？」確認無大礙後，他一個大男人竟然哭了。我想說發生什麼事情，他回：「我臉書上拍受傷的照片，獲得了八百七十七個讚，只有東明老師你一個人打電話給我！連我的保險業務也只有按讚，保險理賠的事情都沒有主動來關心。」這時候我只能安慰他「別想太多」，告訴他：「現在臉書的讚差不多等同於國小老師看你的聯絡簿後，批下『閱』這個字的意思。就當作他們知道你的狀況了，說不定過幾天就會馬上來探望你了。」

有時候一通電話的關心，勝過你按讚或者在照片下留言「還好嗎？」、「發生什麼事情？」、「集氣加油！」、「早日康復」這些。因為當一個人在低潮或病痛時，最需要的是陪伴或問候，而你的聲音最能代表你的心意——撥個電話其實沒有那麼難。

不過這些平台也不一定全是壞事，像是臉書有個功能是「我的這一天」（動態回顧），會把幾年前的今天貼文再次呈現出來，這好像一種日記，而且不用特別去翻閱就可以看到以前的自己和現在的自己是否有改變、以前的朋友現在是否仍有聯絡。甚至，距離你很遙遠的朋友，也可以透過平台了解對方的近況——這也不見得是件壞事。

曾經有位學生，我印象中他是位樂觀開朗的人。一陣子沒有連絡後，發現他在社群平台中的分享，慢慢從正向積極，開始透露出一些陰鬱的文字。我撥了個電話關心他，才發現原來他正經歷人生的低潮，而當下他正處於走投無路的狀況。陪了他一段時間，聽他訴說憂鬱低潮時所經歷的一切，好在最後他也慢慢走出陰鬱。事後他跟我說：「東明老師，你那通電話救了我一命。」

工作中沒有人永遠順風順水，往往都會有許多的逆境，甚至會打擊你的信心，讓你不斷懷疑自己是否真的能夠辦到。我曾經也是這樣，為了生活，什麼工作都做，一天甚至打了三份工作，就只為了活下去。當下真的會覺得自己走到絕路，但挺過後會發現那其實是磨練自己心智的最好時機。如果你問我那時候是怎麼挺過的，或許是「在困境中仍保持好奇心」而繼續往前走。我常跟我的學生說，「往前走！只要不要倒下，就有機會看到開花結果。」

我的臉書常會分享我運動健身的習慣。過去我不是特別喜歡運動，可是我也沒有其他壞習慣需要戒除，想說那來培養一個健康的習慣好了，於是開始了我上健身房運動的記錄。身為企業講師的我只是想要以身作則，讓我的學生知道：培養一個習慣，需要時間以及堅持。

至今我維持這個習慣已經七百三十二天了，雖然我沒有練出胸肌、腹肌，但肌耐力跟好體力，可以讓我站好幾個小時、連續多天的課程也不吃力。

身邊有些朋友看到我的堅持，也開始體驗與過往生活不太一樣的嘗試。

當生活有些不同時，會發現視野也開始變得不一樣，或許這也是一種豐富生活的方式。

如果你認識的好朋友遇見你，以前的他會親切微笑，和你閒話家常，但有天他突然表情僵硬，看起來就是心事重重的樣子。如果你善於觀察，就可以敏感察覺到他可能有什麼痛苦煩惱，試著多關心，或許就能幫到朋友一把。能出手幫忙是值得高興的，而且這種沒有等到對方開口，先主動關心的，會讓對方更能被你感動。

故事都在你我身邊，透過感動自己生活的人事物，就有機會感動別人參與你的生命，這也才能夠發揮生命的影響力。

Lesson 4.
真：讓對方感受到真心誠意，而不是帶著敵意

當客戶感受到你的真誠後，會說真話，但不是直接說，而是「願意聽真話」。「真」是讓身邊的人感到安心，這種真，是對別人的真誠，也是對自己內心聲音的坦誠。「真」的語氣不同，影響力也不同；態度不對也會影響詮釋。同樣一句「你孩子在做什麼工作啊？」，從隔壁鄰居、陌生人、親戚大嬸說出來，卻可能會有不同的聯想。

現在願意說真話的人少，敢聽真話的人也少；所以到最後就會讓場面話和廢話越來越多。

職場關係中，除了上下關係，也有左右的平行關係，除了向上管理，也有向下管理，更少不了平行的交流。但不管怎麼樣的位階、角色，都需要和另一個

對象溝通。但如果你是「想說什麼就說什麼」，自認為是做自己、有話直說的海派，一個腸子通到底，其實會讓人不太舒服的。

職場裡常常會有幾種說話的狀況：第一種，平常在公司裡沉默寡言，獨來獨往，很少留意聽其他同事的聲音。第二種，雖然在工作上表現優異，但總是有話直說，或者老是說錯話，不得老闆賞識或者被同事討厭。第三種，工作表現優異，老闆同事也喜歡，但是有時候氣焰過高，容易功高震主或者吝於誇獎同事，這會讓人家覺得「你行，那就都你來就好了」。

劉德華在電影《江湖》裡有一句台詞，很能反應職場狀況，「說了你又不聽，聽了你又不懂，懂了你又不做，做了你又做錯，錯了你又不認，認了你又不改，改了你又不服，不服你又不說！你讓我怎麼做？」在工作上，有時還會出現「不懂又不問」的狀況。

職場上說話應該不加料，並且謹言慎行。在職場上隨便說說，有時會造成不必要的誤解，但是說得太多、太滿，最後沒有達到預期目標，會被別人認為只會出一張嘴；說得太淺，又會變成半瓶醋。「有才無口是啞巴，有口無才是喇叭。」

力道不同，影響力也不同

不管在哪個位階，說話都是一種藝術。有個案例，某位老闆對來參與教育訓練的員工說：「各位同仁，這兩天都辛苦了。你們要懂得我的苦心，公司花了這麼大筆的教育經費，希望你們未來能在工作上，都有業績表現，你們懂嗎？」老闆的出發點是想要鼓勵同事投入學習，但是如果你是台下的員工，聽到這一番話，應該也不會開心到哪裡。

如果換作：「公司對大家十分有信心，所以投注了大量的資源支持同事在職能上提升，也辛苦大家願意撥出時間一起共同成長。」把說話的方式轉換成肯定句，就容易讓聽的人願意接受。

講話需要有智慧，同樣的話、不同的人講，就有不同的效果。同樣的話，同一個人用不同語氣講，也會有截然不同的感受。

《穿著Prada的惡魔》梅莉史翠普（Meryl Streep）飾演的時尚女教主（魔頭）「米蘭達」，有一幕場景是正在挑選下一季的春裝。當她聽著同事的提案和想法時，她一定等在場的人都把時裝的特色重點說完，確認每個人都有發表後，她才會發言。身為一個在職場工作者，如果說話可以吸睛又有料，所掌握的話語權就會有力量。

「大家都說你很難溝通……」

「大家是誰呀？」或者你也可以試試回：「我常這樣被講，自己也有這樣的感覺，能幫幫我的忙嗎？」或是「你也這樣認為嗎？」、「想不想聽聽看我的意見？」這些不同的回覆方式都有一個共同點，不僅是順藤摸瓜，也把說話的發球權拿回自己身上。

「說真話」與「聽真話」都需要勇氣。有時候遇到一些情境，別人問你的想法或個人意見，真的不知道怎麼回答，就點頭加微笑，不要自己設定框架限制住自己。

Lesson 5.
笑：自信的笑容，才有說服力

講話要打到「甜蜜點」上，如果不清楚對方的點在哪裡，那麼有時候同一句話就會產生截然不同的效果。你期待戳中「笑點」，但是一個不小心弄巧成拙，可能會變成踩到「雷點」，讓對方的情緒爆炸，這是彼此不樂見的情況。只要讓大家聽到你講的話語，能夠會心一笑，就有機會打破人與人之間的隔閡，在對話互動中就能逐漸獲得主導權，進而產生影響力。

笑聲是全世界最溫暖的共同語言，具有難以言喻的渲染力。有句話說「一笑泯恩仇」，過去經歷許多的事情，笑開了，心就有可能打開，無論是微笑或是開懷大笑，都可以累積能量、鼓舞溝通。

誰都喜歡笑的人。開口說話前，應先有誠意打招呼，讓對方願意想聽。在職場中，透過幽默提升笑容的頻率，會讓溝通的對象產生深刻印象，並且帶有著正向的餘韻，也會讓許多原本專業的內容表達，變得更有趣、好吸收，讓對方更容易接受你要傳達的訊息。在心理學的應用裡，表情會影響心情；但是心情真的很糟糕的時候，該怎麼辦？那就讓自己刻意保持微笑吧。

運用肢體動作，展現魅力

有些人在公眾說話場合，往往顯得沒有自信，這時候即便說的內容很棒，卻會降低說服力。有效溝通是否獲得想要的結果，其中一個因素便是自己有沒有「自信」。但我常遇到許多學生，常常都認為自己沒有辦法展現自己的特色，許多負面的聲音打擊著他們的信心，我做不到、我不能。

我也發現許多人在表達自己的想法時，往往不相信自己真實的分享或內容，對其他人來講是有意義價值的，因此上台的時候，就會變得退縮。有些人對上台沒有信心，則是因為過去負面的經驗，然而進入職場後，說話溝通是非常重要的軟實力。

就學的時候，幾乎沒有簡報表達或者說話的訓練。多數學校的說話訓練，就是演講比賽——上台就一本正經的「各位校長、各位老師、各位同學，大家好，」一伴隨僵硬的肢體動作，然後還會被嘲笑「各位校長」，此刻無論是上台講話的人，還是在台下觀看這一切發生的人，多少都會接收到「上台講話很可怕」的氛圍。

進了社會之後，很多需要溝通的場合，可能因為害怕透露自己的想法，或者覺得自己的想法不夠成熟，擔心別人會不會不認同而退縮。

你是哪個領域的專家，你說了算！如果你不願意為自己的想法站出來，那就代表你自己可能也不相信自己要講的東西。如果你想分享的東西，無法展現熱情，那當然信任度也會降低。

有學生跟我說，「老師為什麼你一上台，就感覺很有氣勢，整個氣場都不一樣了？」其實這是一種自信的魅力，因為我清楚知道自己的風格和價值，所以才會散發個人的特色。

過去也有許多聲音告訴我不可能成為好講師，說我教學的內容難登大雅之堂。你說我的心情會不會受到影響？答案當然是會，但是我沒有被這樣的聲音絆住，當我知道自己的特色和想去的地方時，就繼續往前走。就像賈伯斯說的，「不要把別人意見的雜訊淹沒了你內在的聲音。」繼續往前走，因為問題的答案都在前方。

如果我們沒有辦法堅持自己的熱情，沒有死命往前跑的勇氣，反而讓恐懼牽絆住你，那不是很矛盾？希望往前卻又不敢往前的心理狀態，不是讓自己困在泥沼裡？當我們內心充滿了猶豫及不確定時，就會反應在肢體動作上，而這樣的肢體動作也會讓我們越說會越心虛。

讓自己有魅力的方法，除了讓自己展現出笑容以外——相信我——只要有微笑，你的聲音就會不太一樣。而且當你上台的時候，眼神對著台下的五個圈圈來互動，黃金一點和黃金五點搭配使用，你就散發魅力了。

魅力不代表一定要讓現場很嗨或者很瘋狂，有些人的魅力是優雅的，就好像歌手會有唱搖滾的、抒情的、古典的、饒舌的各種。如果你唱抒情的歌有魅力，何必執著一定要在重金屬的舞台中，竭力嘶吼自己不擅長的歌曲？

Lesson 6.
好：有價值才有價值

擔任企業講師的過程中，常會遇到不同產業的學生，這也是我很喜歡我的工作的原因之一，因為總能接觸到不同行業各種專業、有趣的地方。但我發現一個現象：當大家都很專業時，那客戶怎麼選擇？

以往我們都鼓勵自己成為某領域的佼佼者，但是在我看過的案例中，有一個現實的狀況是「你非常專業，但客戶未必會買單。」如果你會的，別人也會，那為什麼一定要跟你買？如果你懂的，別人也懂，那為什麼要跟你合作？

你非常專業，但不一定會讓客戶買單

我有一位好朋友Andy，在知名飯店的酒吧擔任調酒師，因為熱愛調酒，所以常常鑽研調酒的技巧以及風味，隨時進修，並且蒐集相關資訊，把不斷提升自己成為一種習慣。但是有一天他主動和我聊起工作上的想法，希望我給他一些建議。

「東明老師，我想跟你聊聊，想聽一下你的想法。」

「好呀，有什麼我可以協助的？」

Andy娓娓道來他最近工作上的困惑，「我在這家酒吧一年了，很多前輩因為某些因素都離開了，到了其他更具規模的酒吧上班，但也因為他們的離開，我的工作量變大了，而且做了很多跟原本工作無關的工作……」

「和工作無關的工作？那是什麼樣的工作內容？」我好奇追問。

「老闆說現在除了調酒的工作，還要建立盤點機制，以及吧檯表演場地的音響、燈光設計、保養維護等，我都得找廠商來處理。除了調酒的工作，還要同時弄懂酒吧裡所有的大小細節。我除了調酒，其他的又不太懂，這真的很麻煩，搞得我一個頭兩個大，下班沒有真正下班，幾乎都在處理這些事情。上班還是要服務客人，然後領的薪水也沒有變多……」

我知道Andy只想專注在調酒這個專業上，讓他的手藝能更上一層樓，其他和調酒無關的事情都不要管。我要先確認他背後跟我說這些話的動機是什麼？

「所以你希望我幫你做什麼？是要我認同你說的，還是希望我給你建議？」

「東明老師，如果你是我，我該怎麼處理這些事情比較好？」

我跟Andy分享，同一件事情，可以從不同的角度來看。「如果從你的想法感受，會有情緒是正常的。但站在另一個角度，你或許可以參考看看。我們第一次認識時，你是從我的臉書上看到我的分享，你對我的工作還有能力表現感到羨慕。但這些成績並不是突然擁有的，我也做過別人不願意做的雜事，然後從這些事情獲得經驗。我記得你未來想開一間店，並且和其他調酒師做市場區隔。」我接著說，「既然如此，你就更要把這些你覺得不需要的事情，把它做好。因為現在你的角色是員工，但是未來若你要開間屬於自己的店，你就是老闆。這些事情現在不學，以後你還是會碰到，但現在你有機會先把它弄懂，以後就會比較駕輕就熟。至少這個過程中，你會了解要經營一間店需要注意什麼事情，像是客戶的喜好、營運成本等，而且你也有機會和音響燈光廠商接觸，互相交流專業，未來如果你有這些經歷，它可能會讓你成為與眾不同的附加價值。」

許多職場工作者通常只想把分內的事情做好就好，這是人之常情。但是如果大家經歷相同，而你有那麼一點不同，那麼可能就會比其他競爭者多一些機會。例如同樣都是調酒師，多數在履歷上都會呈現自己待過哪些酒吧、參加過哪些比賽、會不會花式調酒等——這些很多調酒師都會——但如果你會依據氣氛場合調整酒吧現場的聲光效果，讓客人不只在味覺上滿足，聽覺和視覺也一樣享受。這些經歷具體放在你的履歷中，相對就容易在一堆優秀的調酒師中，突顯自己的特色，這也就是你與眾不同的地方。面試你的人會因為你的機動性高，以及其他專長經驗，成為你的附加價值。

做事要看長遠，做人要看格局視野，如果Andy把剛剛說不相干的事情把它做好，旁邊的人也會看到他的盡心盡力。請記得一件事情：「客戶不一定會直接買你的專業，但可能會因為你的附加價值，而買了你的專業，而那個附加價值可能就是你自己。」

我喜歡攝影，曾經擔任過商業攝影師。在那個還是底片相機的年代，剛踏入攝影領域時，要從攝影小助理開始，凡是和攝影有關的事情都得學。那時候，整理相機、搬貨、測光、整理拍攝周邊器材、刷油漆、縫紉、烹飪、打燈、修片、採買、買便當飲料，什麼大小事都要兼著做。我怕高，但是當助理常需要爬梯子；爬幾次會怕、爬幾百次就比較不怕，爬幾千次後就可以把梯子變成我的高蹺移動。

有一陣子我的心情也和 Andy 一樣，明明想要當「專業攝影師」，為什麼要做這麼多和攝影無關的事情？但是在當小助理那段時間，也奠定我對事情會從不同的角度去觀看，同時練就了自己的「韌性」與「彈性」。這些經驗所累積的經歷，或許短時間看不到它的成效，但是一旦有機會，你也有能力掌握。客戶可能不僅是因為你的專業買單，也可能因為你有額外的附加價值而願意借重你的長才。

Lesson 7.
練：台前投入多少，台下回饋就會有多好

「老師您練了多久，才能在台上自信魅力的講課？」許多學生都問過我同樣的問題。其實，只要不是上台的時間，我都在練習、都在準備，因為我不知道什麼時候會上台。

曾經我去聽前輩的演講，然後突然被邀請上台，還要帶台下觀眾起身活動。我壓根沒有想到我本來是來聽演講的聽眾，卻臨時要上台五分鐘，彷彿去明星的演唱會，突然被邀請上台合唱。所以我常跟學生說，「有人的地方就是舞台」，除了平常要留意自己的舉止外，當有機會上台的時候，自己是否能隨時準備講上幾句，而且還能夠吸引目光。

上台前一秒，我都還在練習，都還在準備。以前每一個階段的學習，都在累

積自己的經歷，就算你已經在自己的行業有一定的成績，但是你眼中的成功者，平常都還是為了下一階段的自己，努力付出。

以運動員舉例，一位選手下週就要參賽，他會持續練習，維持最好的狀態上場，不會在出賽的一週跟教練說「我準備好了」而停止練習。有實力的明星，他們平常沒有在表演的時候，都是在練習預備自己下次上台的演出，因此沒有看到他們的時間，大多花了很多時間在練功。

一場震撼四百聽眾的高中生演講

我曾替一位就讀高一的新生強尼進行密集演說訓練，那是一段很特別的經驗。強尼就讀的學校臨時受邀參與TED，收到邀請時，他只有兩個星期的準備時間（其他學校的學生都在半年前就已經收到邀約通知），但強尼不想要放棄這次上台的機會，想要好好準備。可是他父母工作忙碌，無法抽出時間陪孩子練習，於是聯絡我是否可以協助。

我跟父母說：「要我幫忙強尼可以，但是我有幾個條件。就是我在訓練強尼的時候，你們不要在場；而且我用什麼方法訓練強尼，都不能否定或質疑，只能尊重配合。最後，強尼如果上課回家訴說什麼委屈，或者感覺疲累，你們只能同理鼓勵，不能來跟我關說協調，調整練習的方式。」

這兩個星期，我們團隊替強尼安排了四次課程。這四次課程用了許多方法，不讓他死背稿子，幫他整理演講中需要呈現的故事和流程，也把整理過的投影片列印下來，貼在訓練教室裡。每一張簡報要傳達什麼，或者要說什麼，要練到不用看就可以侃侃而談，甚至是自主的反應。第四次上課的時候，強尼對於演講的劇本已經熟練，怎麼抽問或調整都可以隨機應變——我相信他一定花了很多時間把演講的內容摸透。

精彩的演講及溝通，包含了語言和非語言的表達。劇本的語言已經熟悉，接下來就是非語言部分的「舞台技巧」。但是強尼只是高一新生，不太可能有太多的舞台經驗。我和他約在某個週六的下午，在辦公室附近的公園練習。公園裡有個廣大的舞台，我要求強尼站在舞台上，然後我坐在兩百公尺外的椅子上，我希望他站在舞台上對兩百公尺的聽眾大聲演講他的內容。

一開始他有點抗拒，「東明老師，真的要這樣嗎？有點遠耶！」

我很堅定的說：「我管你的。你上去講，我這麼要求是有目的的，你相信我！」

第一次他講得很小聲。

「我聽不到！你在講什麼？再大聲一點。」

第二次他講得比較大聲了。

「什麼？我聽不到。很熱耶，拜託你快點！」

第三次他講得更大聲點。

「大聲點！肢體動作……大聲。」

這一來一往練習了不下十次，一直在修正調整些細節，在大太陽底下練習有點殘忍，但我也一起曬太陽陪著他。練習過程我都有替他錄影，每次都可以從影片中點出可以更好的地方。一次又一次的修正，一次又一次的練習，那天我們兩個人都很臭——不是臉臭而是汗臭。

這次的練習是練「膽量」與「台風」。如果要在四百人面前自信演講，很多大人都做不到了，何況是一位高中生。為了要讓他在台上自信的演講，而且不是那種字正腔圓、八股匠氣的方式，我得在他面前當一個有溫度的老師，還要扮演嚴格的教練，訓練過程中連哄帶騙的讓他朝目標前進。這段期間都有和強尼的父母保持聯繫，他們說強尼回家都會在房間練習演講，常會從房間傳出他練習內容時自言自語的聲音，清晨五點也會自己起床練習，遇到壓力的時候還會彈鋼琴紓壓。

有含淚的練習，才有機會得到掌聲

演講前一天彩排，一共有八位演講者，要將隔天的演講從頭排演過一次，校方決定調整出場順序，把強尼更換到最後一位壓軸登場。強尼的父母很開心地打電話跟我分享，我請他們轉告強尼「淡定登場」，不管是什麼時候出場，都是機會，好好享受在台上分享的時刻。

強尼演講完，獲得滿堂彩，大家開心，我也開心。強尼用他的獎學金請我吃飯，當作答謝我的訓練，我很開心也很驕傲。

其實這兩個星期的特訓，對強尼來說很殘忍。我和他父母是好朋友，所以知道強尼的外婆剛離世，家人都忙於強尼外婆的後事，再加上工作，不太可能抽出時間陪孩子練習演講。我和強尼互動的過程中，知道他內心有多糾結，演講的內容也會提到外婆對他的影響，但我要他提到這段的時候，不能哭也不能眼泛淚光，在台上也不能讓台下的聽眾知道外婆半個月前離世的事情，只要強尼想像「如果外婆也在台下聽這場演講，外婆一定會覺得他的孫子長大了，怎麼這麼優秀。」

演講結束，他做到了，全程保持著微笑，分享他的故事和想法。

強尼媽媽打電話跟我說，現場聽眾迴響很大，晚餐時講起這一切，強尼還忍不住在餐廳裡哭了。我事後想想這段陪伴訓練的過程，蠻嚴厲的，要高中生壓抑自己的情緒，是好、是壞，我沒有什麼標準答案。只是，強尼自己認同，他父母也認同。我呢？不管有沒有你的認同，我仍選擇繼續往前走，為下一個機會練習著。

你呢？你有在練習嗎？還是沉浸在現在的狀態？

光鮮亮麗的成功背後，都花了別人看不到的「努力」與「犧牲」。為什麼每個得獎人在台上發表感言時，都如此激動，甚至泣不成聲？這是因為這過程只有自己懂，沒有經歷過的人很難理解箇中滋味。就像一位優雅的芭蕾舞者，當你沉浸在他的美麗與優雅，並不會知道他們對自己的殘酷。有的人為了學好芭蕾，練習過度導致腳趾變形；不斷的旋轉跳躍，為了一場演出，傷痕累累滿身傷的代價。而這種練習，並不是盲目反覆無意義的動作，而是刻意為了達成某一目標而下的苦功。

你想達到什麼成就？現在在做的每個練習，是否都有助於你往目標更前進？

我們無法想像在美麗的舞鞋下，那雙讓人心疼的腳，背後記錄了多少的血淚故事，只為了一場完美呈現。提醒自己不間斷的精進，就算滿身傷，也要好好的愛自己，並對得起自己。練習，除了不斷的演練以外，更多時候也是「煉」習——就像一場試煉，有時需要熬過冷冽的風霜，才能看到百花的綻放。

CHAPTER 3

個人職場生存守則

Lesson 1. 真心請教，熱情分享

職場上常會遇到自己不會的地方，但「不會就學」。沒有人在職場中就是天生就會的，都是要靠不斷累積，將「知道」的知識，轉化為「做到」的技能。最怕的是不問，然後還要人跟你說，說了還不聽，聽了還聽不懂，聽懂了還不做，做了還做錯，然後進入到不長進的迴圈中。

電影《穿著Prada的惡魔》中，安．海瑟薇飾演米蘭達的第二助理，第一天上班，連在辦公室接電話都不會，但她沒有裝懂然後胡亂接應，她透過觀察與真心請教來累積自己的經驗。

每個人不是剛生下來就會跑、會跳，而都是從零開始累積。蹣跚學步的時候，總是跌跌撞撞的，然後才在某一刻突然突破瓶頸。所以我教銷售，我自己會

去逛街買東西，看業務怎麼向我介紹產品、我怎麼被說服購買，以及換做我是業務，我會怎麼做，而這些經歷也都變成我的案例。

與其懊惱，不如想想「現在能做的事情」

有時候我們會有主觀的意識，覺得那個人憑什麼會成功、為什麼業績是他達成？但是事實是對方業績真的達成了，而自己主觀不喜歡那個人也是事實。不過你願不願意放下成見去問對方怎麼達成業績的嗎？通常，你不願意主動開口請教對方也是事實，因為你可能會主觀覺得對方不會跟你說、不願意跟你分享。

這時候就很像一直輸球的球隊，戰績低迷的情況下，每次比賽都喪失信心，也漸漸地放棄目標，心想不管怎麼努力都沒有用。然而這樣的無望感，只會讓人更加沒有信心。我常會鼓勵落入這樣情況的學生，想想現在能做的事情——過去不好，不代表未來也會一直不好。

在和朋友的聚餐中，認識了幾位國小英文助理老師，我們交流許多教學經驗，也讓我想起過往自己是如何練習把一個課程教好。

當時剛踏入講師圈，我問自己「要當怎麼樣的老師？」這問題我想了很久，除了現實的考量外，也明白這個問題就是我職業的核心，也就是教學的根本，只有把這個問題想清楚，才能讓我在挫折中堅持下去。

當時業界已經開始有「講師培訓」的課程，也就是有經驗的專業講師，培育想踏入講師這行業的新人，如何做好教學的工作。但這些培訓課程，不是我的時間不行，再不就是報名後的審核結果告訴我「不適合這方面的課程」。那是否意味著我不適合這行？那時心情會難過嗎？說實話是有的。

講師說穿了就是在企業裡教書的老師，紅的老師就像當紅藝人一樣，課程表演邀約不斷，不同的是，藝人讓粉絲有個愉快時光，身為教師則是讓學生有明確的收穫。

要當怎樣的老師？或者什麼樣的教師算紅？教學時數多寡、學生數量、講師鐘點費用高低、業界知名度、粉絲數、課後問卷的分數等指標，都可以用來定義老師，但這些只是外在的參照指標——我問自己是不是只有這樣？

我去找各類不同領域的老師，我從健身、飛輪、蛋糕、西餐、木工、插畫、舞蹈、歌唱、攝影，甚至國小、國中、高中、補習班、幼兒園的老師……能去體驗就去體驗，能當一日助理就當課程助理，觀察他們為什麼會受歡迎。我甚至會推薦我的學生去觀摩我參與過覺得教學很好的課程，從不同人的教學特色中，找到自己的優勢。更去了一趟印度，去看電影《三個傻瓜》的場景，喚起自己的核心價值，找回自己的初衷。

台灣的教學環境下，學校教師地位逐漸降低，教師基本要求若與學生喜好衝突時，就得準備上演諜對諜的戲碼，學生甚至會在教學評鑑上給老師負面評價，寫講師哪裡不對、哪裡不好，這時候老師可能又得要提出報告向學校說明，嚴重的話還可能面臨不續聘。最後變成教師在某一程度上要迎合討好學生，而失去了教學的本質。這也是為什麼我到學校遇到真正為學生好的講師，我都盡可能和他們保持聯繫，希望透過彼此的鼓勵打氣，給予他們繼續堅持的能量。

我也很認同擔任企業教育訓練的講師，與在學校擔任講師、教授沒有什麼了不起，我們不是萬能的神，不可能事事完美。剛踏進企業內訓的圈子時，也一樣很在意課程滿意度、學生給的建議與回饋，只要分數沒達到自己的標準，或者學員的「指教（多數是批評）」也都會影響心情，甚至變得患得患失。後來轉念想想，能力再強的人，也不可能滿足世界上所有人。只要是好的評價多過於負面評價，總比都沒有評價來得好。就像我們無法期待認識你的每個人都喜歡你，但只要喜歡你的人多於討厭你的，那麼你可能就是一個受歡迎的人。

Lesson 2. 實力是想學，然後練來的

職場上說到「練習」，常有幾種心態：現在用不到、不想學、沒有人教，總是想要依賴同事，卻沒有自行查找資料的習慣。許多訊息其實都可以透過搜尋找到，但有些人可能覺得順口問一下不會有太大的影響，但展現出來的就是不會思考，只要遇到不懂、不明白的事情，就會把責任推到別人身上。

吃虧就是占便宜，但是聰明人都知道自己在幹嘛，而那些自以為聰明的人才會白吃虧，常常以為能夠打混摸魚。混口飯吃感覺很輕鬆，但往往忘了「混吃」後面常常接著兩個字……

有一次我去替特教學生上課，他們需要自信，更需要學習表達自己。上課過程中，有位聽障的學生舉手，希望老師上課可以再慢一點、可以講慢一點，我就

調慢一次。

後來這位學生再次舉手，「老師，你可以再慢一下嗎？」

我不能生氣，我也不是要生氣，我坐到他旁邊，我說：「不行。我也要照顧其他人，我已經替你慢過二次了。世界不會因你而慢下來，而是你要學習快速跟上。」

不用花錢的，大都不會珍惜

企業組織為了培養員工的能力，往往都會聘請外部講師到公司進行訓練，這種課程統稱「企業內訓」。這樣的訓練課程可能安排在平常上班時間，也可能安排在假日。週間或週末參與訓練的員工，心態和反應往往有明顯的差異，我在台上授課時，大概可以了解。

有些公司企業對於這種課程，是採網路自行報名，並沒有硬性規定一定要參加，只要主題吸引人，剛好員工自己有時間，就來報名參與——有來上課總比那些沒來上課的還要好，畢竟也是花了時間。

另一種花自己的時間與報名費進修的，這種學習動機就比較強烈。可能也因為投資了自己的時間與費用，期待有所獲得，在授課的過程中，上課會記重點筆記，有問題會抓住講師發問，所交代的作業任務也比較願意深入練習。

用上班時間上課的心情與態度，跟用假日上課的態度有很大的明顯差異，我在課程互動的過程中，大約可以推測學員在公司上的表現，是積極主動，還是消極被動；是對自己有自信，還是內心深藏恐懼擔心。外表展現強烈氣勢，雙手交叉擺胸，防禦心很強，臉上透露出「我倒是要看看這講師是有多厲害」，想要知道台前的講師到底是何方神聖——很遺憾，公司不是邀請你來教課。

請我來授課，一定是我身上有些專業知識，能夠幫助學員在自信、溝通或是銷售上有明顯的提升。

課程的目的都是希望藉由講師過去的經驗經歷，讓學生減少摸索或撞牆時期，盡快找到方向與方法調整自己。每次看到學生在課程學習之後眼神的改變和興奮，也讓我相信自己對教學的堅持是對的。我專注在自己的專業能力上，發自善意、衷心的建議，給予精準的提點，相信學生能明顯感覺到這些方法可以用在職場，藉此提昇與發揮自己的能力。

如果你的學費是公司或者家長付費，並不可恥丟臉，可恥的是你不懂珍惜時間、資源與栽培你的單位。給你薪水，培育你成為能力更強的人才，但卻嫌棄這些資源，這實在是很可惜的一件事情。

Lesson 3. 要懂得隨機應變，而不是跟人硬辯

「啥！怎麼這麼貴？」

如果不想要降價，但對方又期待能夠有優惠，這時候可以用什麼辦法取得折衷呢？

有一次婚宴中心的負責人找我去商談課程內容，但是他劈頭就說：「你怎麼那麼貴？」我差點被他的氣勢震懾住！但是我當下換了一個角度思考：洽談之前就都先有提出報價了，如果對方覺得昂貴，那麼就不會大費周章找我去商談課程內容。所以會找我，往往不是價格考量，而是重視我的價值。

「你應該是已經看過我的資料，才會約我這次見面吧？」

聽到消費者嫌貴，不一定要打折，而是要證明自己的價值。於是我接著闡述

自己和其他的老師的差異，並凸顯自己和其他老師不同的地方。好比一般婚宴會館，當顧客來場勘的時候，除了菜色，他更想了解飯店能提供哪些服務。而我這堂課除了教銷售，也希望能提升夥伴成交單子的能力。

先站在對方的立場，想三個對方可能會問的問題，然後再設定要怎麼回答。如果不在你預料的範圍，那就是得要靠經驗累積——畢竟在你可以想到的範圍已經先預備好了，那麼你沒想到的那就是得靠累積了。像這個婚宴負責人，最後希望我降價，但如果他對我的課程沒有信心，他大可以不用這樣特地約我見面商談，所以可以研判他背後一定有所期待。

於是我跟他說：「以我的行情就是這個價格。要不，超出你預算的部分，如果可以，你提供我餐券，我可以分送給我的客戶們。他們都是各公司的主管，邀請他們來用餐，感受一下餐廳的場地環境，這樣你們也可以藉機推薦他們之後公司聚餐、尾牙等大型活動，都在你這邊舉辦。」

對方接受或拒絕，是他的決定，我們不用先預設立場。許多人在探詢他人意願的時候，因為被拒絕的感覺不好受，所以寧可不提出要求，但是對方接受或拒絕，有時候並不是我們的問題（但有的時候是，所以自己要有自知之明），顧慮太多有時候會變得綁手綁腳——被綁住手腳的人就會像毛毛蟲一樣，只能在土裡扭動，最後讓自己灰頭土臉。如果真的是自己的夢想、是自己想做的事情，那就勇敢的踏出去，因為就算被拒絕，也總比駝著然後拖著好。至少你還有時間想下一步怎麼做，而不是把自己逼到沒有退路。

溝通要在同一個頻道上

每個人都想要說服對方，但少有先聽對方要說些什麼，這個是不容易的練習，要講之前先強迫自己聽完，聽對方要講什麼——而且，不能讓自己當機。這是不容易的功課，因為往往溝通對象較強勢，另外一方就會少了氣勢，

而當對方要拒絕的時候，為了讓溝通更順利，建議從正向肯定的方式開頭。多數時候遇到客戶的質疑，往往都會想要找出解釋的理由，但是就算講得再有道理，有時候客戶覺得沒有被同理，就容易變得無理。

之前我到知名幼教企業分享和家長溝通的銷售技巧。他們常接到家長說不讓孩子繼續訂閱教材，家長的理由是「孩子都不看，也沒有學到東西」，「而且費用也變貴了」。

服務人員回答：「怎麼會？是不是你沒有陪孩子一起看？他覺得無聊？我們的內容都是依據不同年齡層來規劃的，他們應該會有興趣才對。」

其實可以與消費者聊更多、更深入了解狀況，而不應該第一時間就否定小孩或父母的行為或感受。通常我會多問一些細節，「是完全沒有拆開看？還是拆開看一下就沒有繼續看？」二者是不太一樣的情況，「完全沒有拆開」可能就是對內容沒有興趣，但如果只是看了一下就沒有繼續再看了，那可能是內容太簡單。

回到前面的情境。家長有點不悅，接著說：「可是訂閱費用漲價了，不太想續訂。」

服務人員接著說：「因為現在物價上漲，運費也變貴了，所以價格有做調整。」

這下，本來訂閱到當年度的客戶，本想要說服對方續訂，服務人員這樣講完之後，反而提前解約。

兩方都沒有錯，只是溝通在不同的頻率上，而且服務人員隨機應變的能力也不夠。沒有隨機應變的能力，直球對決就可能直接被拒絕。

當客戶提出他們的問題時，得要接納他所遇到的困難，以及了解他的感受。從正向開始，或許可以調整為：「你說得對，你一定是期待孩子能夠透過教材的引導，培養智能發展，所以才從那麼多幼教教材中，選擇我們公司的產品。孩子都不閱讀，一定讓你覺得失望，謝謝您讓我們了解您的情況。」「我想恭喜媽媽，您孩子的認知一定是發展得更成熟，所以才會對適合同齡的教材感到過於簡單，而失去閱讀興趣。所以我們有針對這類發展比較優異的孩子，設計另外一套學習教材，媽媽要不要參考看看？這套學習教材內容較豐富，教具也比較精緻，學習的面向更多元且深入。您要不要參考看看呢？」

父母替孩子訂閱教材，多數都是希望孩子好的，所以在這樣的狀況裡，不急著辯駁，而是理解家長的期待，透過肯定對方的開場，讓家長願意聽您繼續講下去，應該會有不同的結果。

Lesson 4. 看事辦事，化危機為轉機

有一次，授課的場地，發生突發狀況，投影機無法投影出來，我現場直接調整講演方式，把危機化為轉機。再有一次，當天下大雨，學員們陸陸續續抵達，但我觀察每位學員，有不少人淋濕。於是，我當下調整課程，改變原先上課的模式，讓大家先站著上課，等每個人都問完問題、分享完之後才坐下，如此就多了些能讓大家稍稍整理儀容，讓衣服、裙尾有風乾的時間。有些事情，不一定要照順序來，要能隨機應變。

魯迅說過，「所謂天才，只不過是把別人喝咖啡的功夫都用在工作上了。」如果不能搞定，就只能乾著急。現在就要做未來的事情，把該做的做出來，即便做出來沒有被接受，當作備案也好，不要等到老闆要的時候，你拿不出來。

從日常生活中拆解，增加臨場反應

有時候一直贏牌不見得是好事。博弈是一種人生樣貌，獲得全勝的機率畢竟很低，不管連贏多少次，總會有輸的一次，只是差別那次輸是故意輸的、還是一時的大意、抑或自己思考的不周慮。或許你會好奇為什麼會有故意輸的情況？其實有時候，人生不是每次都會贏，有時候情勢對自己不利，就要想辦法安全下莊，少輸為贏。

在職場中，多數期待都是靈活度比較高的人。現在高度資訊化的時代，很多人要身兼多職；過去是活到老學到老，現在則是「想要活到老，就得學到老」。除了本質學能外，還要有「溝通」和「互動」以及「談判」的能力，這樣轉變到不同工作職位，掌握巧實力後，就能理解到萬變不離其宗。

工作要盡本分，但是對外溝通和技巧應對上，掌握「話不用一次說盡」、「籌碼不用一次用盡」。有實力要加上好眼力，才能如虎添翼。

有時候我們都太過急著表達什麼，但是我們太專注於自己想講的，就會忽略了別人的非語言訊息，或者整個空間的氛圍，結果自己說了不該說的話，或者在表達時變成自嗨。

巧實力很像電視遙控器，懂得適時「轉台」，能夠適時的切換。在家裡看電視，有的想看購物頻道、有的想追劇、有的想看新聞、有的想看電影，這都需要使用遙控器來切換不同頻道。不同的人也要搭配適時轉換，但每個人腦袋裡的遙控器功能切換敏銳度不同，有的要按很久才能切到對的頻道，有的很快就可以切中合適的頻道。電視、網路第四台這些硬體就好比硬實力，電視各頻道內容就很像軟實力，提供各式各樣的資訊服務，但是要能夠知道什麼人、什麼時候想看什麼節目，懂得拿捏遙控器的切換時間，就是一種巧實力。

而缺乏巧實力的人，就很像在切換頻道的時候，常常會按到電源開關的那個人，在節目最精彩的那刻，誤觸關閉螢幕，讓整個場合突然凝結——就好像五月天的歌詞：最怕空氣突然安靜……

《鹿鼎記》裡的韋小寶就具備了這樣的巧實力。見人說人話、見官說官話、見女人講情話、見了太監海公公就講奉承話，韋小寶展現了遙控器切換頻道的巧實力功能。偏偏我們在職場中常會遇到的是：見人說鬼話，見鬼了還要說人話。

我喜歡看舞台劇。舞台劇需要厚實的表演溝通力，因為一鏡到底，沒有辦法重來。舞台劇除了演員台詞的「語言」訊息外，空間環境以及演員的表情與肢體動作等「非語言」訊息，也是傳遞訊息張力的一環。

有時候我上課時，會希望學員以觀看默劇的方式去觀察對方所釋放出的訊息。許多學員都會發現，安靜的觀察，才能看到環境中的個體所要傳遞出的訊息。尤其現在很多人習慣使用快速的文字或語言訊息，所以常會讓這些冰冷的文字語言變成無感的狀態。

下次走在路上或在與人對話時，不妨除了聽對方所講的訊息外，也練習觀察對方在表達過程的非語言訊息，以及所處環境的脈絡。

這也是為什麼我一直鼓勵學生或讀者，去經歷生活，並拆解每一個過程，累積自己大腦裡的「資料庫」。因為這些臨場反應與應對得宜的素材，都是在平常生活中一點一滴所累積出來的結果。

Lesson 5. 看清阻力與助力

企業講師最後都朝向專業顧問邁進，也就是針對企業遇到的瓶頸，給予調整建議，以達到企業目標，甚至塑造企業文化。但是當遇到問題時，要找到適合的專家學者，才有機會根治問題，就像一個人生病了想要復原，要有三個要件：知道自己生病、掛對科別、照著指示做。但無論是企業或是個人，如果不知道自己生病了，誰也沒有辦法救──好比喝醉酒的人一直狂喊我沒醉。

知道自己生病還不夠，還要知道哪裡不舒服，就像你胃痛，應該不會去看耳鼻喉科；你心痛，應該不會去看骨科；畢竟術業有專攻。所以當遇到困難的時候，要找對的人談真正的問題，別找鬼拿藥方，這樣只會被鬼牽走，等事情大條了才說「見鬼了」也沒轍，因為你一開始就撞鬼了。當一步一步邁向絕路時，只能祈求天無絕人之路了。

找對的人談真正的問題

我之前遇過某間公司聘請的專業行銷顧問。攤開他的經歷，他從來沒有行銷的經驗，本行是土木工程。但是每次遇到行銷問題時，這位顧問總是會提出許多建議，問題改善了，就會洋洋得意，表示自己預測得十分精準；但是如果問題依舊，就會默不吭聲，甚至給出荒謬的建議。他也非常會察言觀色，哪個專案有甜頭，成功率高，他就會一直吹捧專案負責人很有潛力。直到公司快倒閉前，這位行銷顧問又到另外一間公司毛遂自薦，說自己在前公司有執行過行銷的業務。

我常說職場上說話的巧實力是要「見人說人話，見鬼說鬼話」，但是遇到這種偽裝成專家的顧問，難怪他們說的話都不靈——因為他們都在塑造「神話」。

其實這樣的情況在許多人的求學經驗裡也不陌生。我有許多學生都有很高的學歷，我曾經問過他們：「你為什麼要念研究所？」

有些人會回答：「因為我的學長和學姊說念完研究所，比較好找工作。」

我接著問：「那你的學長姊現在在哪兒高就？」

幾乎有一半的學生都會說：「喔！他們還在念研究所。」

我沒有說念研究所不好，而是要清楚知道自己想要什麼，或者先知道自己的問題在哪裡，才能夠找出癥結去因應。如果自己很清楚知道自己就是要走學術路線，那當然就是要往研究的路線去。但是如果你的夢想是想要當一位國際演員，那麼研究所可能就不是第一選項。

我曾聽過一位藝術家朋友說的故事，他曾經讚美一位在職學生的藝術創作很棒，概念清晰而且表現大膽，十分有想法。當他跟學生分享這個作品帶給他的震撼與感動時，那學生只低沉的說一句：「是喔？但是他們都說這個作品很差。」那位藝術家很訝異的問：「他們是誰？」。學生回答：「朋友。」讓人不可思議的是，專業藝術家認為很棒的作品，學生自己不相信，但卻相信非藝術領域的同事們（一般上班族）評價他的作品不好？

你或許正為一件事情游移不決，又或許你聽了許多的聲音，有些跟你說要識時務，留得青山在，不怕沒柴燒，要你暫時放棄理想；但也有人說你應該對自己的目標有信心，不要被困難擊倒，再苦再累都要去做。這麼多的聲音下，你會怎麼選擇？

學經歷可能是加分題，但是面對人生，加分題只會讓你及格，並不會讓你優秀。要弄清楚自己的主力是什麼，才能判斷哪些是助力、哪些是阻力，而當清楚知道自己的主力，專業團隊也給予中肯的建議時，就努力往前奔跑，因為一個知道賽場在哪裡，卻始終不邁開步伐前進的選手，是無法抵達終點的。

Lesson 6. 見招拆招前，一定要有招

最近和一個集團進行視訊會議，這個視訊會議將會決定我是否能接下該集團的教育訓練專案（通常在這個會議就會拍板定案）。

該集團底下有許多子公司，其中一間被列為重點培訓單位，該公司的部長和教育訓練專員向管理顧問公司提出課程需求，而管理顧問公司提出建議講師和內容。不過該公司認為管理顧問公司的提案不符合這次課程。後來管理顧問公司找我提案，公司看過資料後，就安排了一次視訊會議。而這次視訊會議，集團總公司的人資長也會與會，部長和教育訓練專員也會在場。一般可能會認為這就是一般的課程會議，但是內行看門道，課程需求只要部長和教育訓練專員同意，通常人資長都會予以尊重。然而，集團總公司的人資長，負責考核各分公司的部長，

這場會議對我、對部長來說，都很重要。

視訊會議時，部長開口：「我看這份講義和上次差不多，看起來沒有改過。這部分的課程，已經提出四次的修正，難道管理顧問公司沒有跟你說嗎？」

如果沒有和這類型客戶交涉過，一般人會覺得他表達的語氣，像是在針對個人的能力提出質疑，但實際上對方僅是就事論事，想知道他所在意的問題有沒有答案或有沒有解決方案。這時候得要隨機應變，腦海中快速閃過幾種可能，然後見招拆招，但一定要有招。

和客戶並肩，作戰才可能獲勝

集團客戶向承辦教育訓練的窗口提出了需求，並來回溝通了四次課程的目標，教育訓練主軸放在服務流程以及說故事的體驗上。但是與承辦窗口和客戶在課前會議中，客戶提出了「已經講了很多次，課程內容似乎沒有什麼改變」。

承辦窗口和客戶之前溝通聯繫的次數和內容，我都沒有被告知。但我不可能在現在這場會議直接說我不知道，或者跟客戶說「窗口沒有跟我說」，這時候得要臨場反應，要和承辦窗口站在同一陣線——這時候他最需要我的相挺，所以我不能推託說我不知道整個過程。

所以我回答：「有的，我提供了兩種不同版本的講義課綱，我不確定最後您這邊是看到哪個版本？但這場會議結束後，我已有安排既定行程，到貴公司的門市體驗，透過現場的實際觀察，來調整講義內容。把第一線觀察到的優點和可以更好的點，設計到這次的課程案例中。」

實際上，我的確是有安排既定行程去觀察這間公司的服務流程，就像我之前一直提醒讀者，「做不到的事情不要說；說出來的事情，一定要做到。」

但有時候總是會有突如其來的問題。部長接著問：「我不是要你準備這些案例，你講的這些我都知道，從你的描述我知道是哪位，我也正要請他走人。老師，你在網路上找的這些異議問題，都已經是一、兩年前的事情了，不能用這樣的例子來說我們不好，這個案不代表目前整家公司的體質。」

這時候我得要換位思考，要先解決部長在意的點——畢竟集團人資長在看——所以我說：「我們不是要以某一家店做例子，反而是想呈現：每個輔導顧問案，我們都會先了解客戶的需求。已經揭露的這些案例我只會做用『參考』，並不會因為這一、二個個案，而改變整個課程內容。我原本就有安排既定行程，等這場會議結束，會帶著神秘客進行整個服務的流程理解。」表達出我事先會了解客戶的需求，以及進一步提供客製化的課程。因為部長認為我一開始舉的例子是很早之前的，他可能擔心在集團人資長面前留下不好的印象，所以我把重點放在有兩個版本，以及會依據現場實際的狀況，提供能滿足公司需求的教育訓練課程，以達到預期成效。

人資長在會議中問起「這個教案是誰寫的呢？」，當客戶的主管提出這個問題時，我不能當下否定客戶的內容，要先了解現狀。萬一教案是同場會議上的教育訓練專員，那我萬一說了什麼不該說的，是不是也得罪了對方？這時候我習慣用「正向法則」回應，稱讚這份教案的優點，接著再提出怎麼樣會更好的點。記得，不要先點出客戶的問題，因為這樣可能太尖銳。

Lesson 7. 收納多方意見，判斷後調整

我很喜歡從電影和生活裡找到「言之有物」和「言之有悟」的靈感。電影《一個巨星的誕生》，Lady GaGa在裡面說了一段話：「我不唱自己寫的歌，因為我沒有自信。每個我在樂壇的前輩，都說我鼻子太大。他們都說我的歌聲好聽，但賣相不好，我的鼻子沒有為我帶來好運。」但發掘她的音樂人對她說：「每個人都有不同的才華，在這裡的每個人都是，重點是你如何表達，除非你認真的去試，否則你永遠都不會知道。」

對於人生，你有兩個選擇：堅持做好自己，或是看著自己被這個世界慢慢變成別人。每個人都未必會成為自己想要成為的人，但每個人都有自己的仗要打，所以想要自信表達，得要先過沒自信這關。

想要有成效的溝通，需要有自信，這個自信可能來自「真實的自己」和「看起來的自己」。想要發揮影響力，就必須要有「內在的自信」，你說的話可能會影響別人，別人要變成什麼樣子，都可能透過你說的內容和你提供的資訊，而這些來自你的專業。

培養「好自在」並懂得隨時「復盤」

我常問學生：「你對於自信的定義是什麼？」有學生回答：眼神肯定、講話不要結巴、姿態自然、講話聲音大一點、自我感覺很棒、身體不要扭捏、不會詞窮等。

但我對自信的定義是「自在」——不管在什麼場合，不論面對的對象是誰，自己都能夠感到舒服。但是自在二字好寫不好做，當你太過自在的時候，有些人會覺得你隨便。

我覺得自信很重要，因為它是剛剛好的自在——簡稱「好自在」。少一分自在可能就是自卑，多一分自在可能就變成自傲；所以要剛剛好的自在，呈現出自信的魅力。

有一些人明明很優秀，但是覺得自己不夠優秀，出現心理學上所謂的「冒牌者症候群」，覺得自己的優秀是假的錯覺，有一天萬一被戳破就會讓人家覺得自己並不如想像中的優秀，然後因此而感到沒有自信。

「表現失常」是在關鍵的時候產生自我懷疑，而自我懷疑干擾了原本正常的行為所致，我們對正在做的事情在意，太過在意導致過度緊繃，最後沒有表現出正常水準。要克服這樣的焦慮，要先讓自己理解到：每個人的職涯是可以重新塑造的，就像調整投資組合一樣，只是現在你調整的投資組合是自己。

我曾遇過一個學生，他是高敏感的特質，別人無心的一句話，他都會往心裡去，即便那只是對方不經意的一句話。雖然說「說者無心，聽者有意」，但他的反應過度敏感，一句建議都可能讓他腦筋一片空白，而不知如何做反應。除了高敏感外，他還超級沒有自信，但其實他的學經歷和幽默都是他的優勢特質，但他就是無法活出自己的樣子。

在他身上我彷彿看到了以前的影子——當初和大家都一樣什麼都不會，所幸身邊有貴人，潛移默化下，一次又一次的經歷與學習，才有所改變。

有時候自己的標準和父母的標準有落差，好棒棒聽久了就好胖胖。應該要試著去思考，自己做得好的地方在哪裡？要加強與調整的地方在哪裡？而且隨時都要有「復盤」的概念。

復盤是棋類術語，指對局完畢後，復演剛剛那盤棋的紀錄，來檢討棋局優劣的關鍵，同時提出假設，找出最佳方案。復盤和現實中的反思、反省很像，只是用在不同的地方。

語言的交流是來自於討論。當別人提出想法，肢體語言是他們的動作表情，也往往是我們能直接感受到的情緒。但是我們常常會對於他人的情緒或者提出的意見，直接主觀認定「他不聽我說」、「他是否定的」，但是如果沒有再確認過，怎麼知道自己想的是事實，還是僅是揣測呢？

而這樣主觀認定的想法，也常常會讓自己對於事情僅有是非對錯的兩種思維，也就是認為對方所陳述的不是「全對」，就是「全錯」，當然這樣就會變得較為果斷。或許調整為「我知道你的意思」或是「我會把你提出的納入考量」，讓自己多一些彈性，相對讓自己接收到不同面向的刺激，也比較不會把訊息的交流，當作意見的辯駁。

Lesson 7.收納多方意見，判斷後調整

CHAPTER 4

懂得客戶，
業績才能氣貫長虹

Lesson 1. 找出沒有被滿足的需求

以前在餐廳上班的時候，餐廳老闆曾要求我做一件事情，把某一棟大樓裡各公司常跟我們訂的菜色記住，如果是老客戶就要記得他習慣吃什麼，比如三樓的珊姊喜歡糖醋排骨、六樓的陸大哥喜歡紅燒牛腩、十樓的石經理吃素等。今天若是菜單裡有糖醋排骨，就主動打電話給珊姊：「今天有妳愛吃的糖醋排骨，要不要替妳留一份？」這樣會讓顧客覺得你有關心他的喜好。而剛好珊姊她是負責每天替公司各部門訂午餐的窗口，相對她會指名你的機會就較多。

一開始我覺得要去記個人喜歡的口味是什麼這件事，有點麻煩。後來才發現，原來這是一種顧客經營的貼心舉動。

有溫度的服務，不一定是花大錢

我公司樓下有一間早餐店，它不是那種連鎖加盟的早餐店，而是個人經營的傳統早餐，但每天早上都有絡繹不絕的人潮。

我去那邊買了幾次早餐後，有一天早餐店裡的大姊一看到我就問：「一樣是中溫豆漿和原味蛋餅嗎？」我點點頭表示正確。接著又來了一位媽媽，這位早餐大姊關心起這媽媽的孩子：「上星期妳女兒在學校的才藝表演如何？我看她都很認真（練習）耶。」在等候的過程中，又陸續來了幾位顧客，大姊依然微笑，「一樣是豬肉漢堡加大冰奶（大杯冰奶茶）嗎？」顧客也點頭回應。後來我發現這位大姊讓很多老主顧願意來光顧的原因，是多了一份體貼的溫暖，她會把顧客的臉和他們常點的東西記住，並且主動詢問。

她就是見人說人話的大姊。她可以根據不同客戶的需求聊天，將每位客戶的狀況都再做一些連結，像是客戶的孩子表現好，就多送他一杯奶茶之類的，顧客其實都會在驚訝之餘覺得溫暖。

許多有建立忠誠顧客名單的餐廳，都未必能夠主動關心消費者的偏好，但這間毫不起眼的早餐店，卻能夠維持住基本的消費群，這得靠平時累積起來的敏感度。

沒溫度的服務，一定得花大錢

一樣是餐廳的例子，有一次我和朋友去間高級中式餐廳，吃得很愉快，但有一道「豆酥鱈魚」，上桌後我嚐了一口，就請服務生過來，跟他說：「這道鱈魚可以收掉了。」結果服務生真的就直接這樣收掉了，沒有過問原因。

如果他夠敏銳，進一步想「才剛上桌，怎麼就要馬上收掉？是餐點有什麼問題嗎？」或者多一份關心了解，「怎麼了嗎？是不是口味不合適？需要請主廚重新料理一份嗎？」這時候，顧客可能就會給予回應和回饋。

但如果只是不問一句的收掉了，顧客覺得東西不好吃，那麼他會去哪裡宣洩？有些顧客會在顧客問卷中填寫，但有些顧客就會直接到網路去評價，如果給餐廳負評，那就得花更多的時間說明和止血。

建議當顧客不開心的時候，要先想辦法處理，不要到了網路已經有聲音蔓延才來處理，到那時往往對商家的聲譽已經造成傷害。

隨著消費意識的抬頭，客訴的案件也持續增加，但只要不是惡意的投訴，不同消費者的聲音，都是寶貴的參考資料，因此在處理上也得特別用心。好好處理客訴未必能夠馬上創造出忠實客戶，但是不好好處理，一定會讓客戶流失。就像小病不處理，變成大病的時候再處理所要花費的時間、精力會更多。

通常客戶對產品服務會有一定的期待。而當他使用後，實際狀況和期待有所落差時，就會產生情緒，甚至誘發言語攻擊。在處理客訴的時候，一定要先了解情況，建議先傾聽客戶的抱怨。

在他們情緒高張之下，有些陳述可能是事實、有些可能是欲加之罪，但是不管怎麼樣，就先聽，因為顧客在講的過程中，某一程度就會得到宣洩的出口。接著，自己不能隨顧客的情緒起伏，而是在這個聆聽的過程中，蒐集客訴的原因和相關資料，找出核心原因。

有些時候顧客的抱怨、說出的話，難免會誇大或扭曲（並不是說顧客說的都是扭曲事實，而是有可能會把新仇舊恨或者其他消費受的委屈，在這一次都怪罪在你身上），但我們都得平心靜氣的在顧客抱怨裡抽絲剝繭，找到他真正想要的是什麼。

接著提供他替代方案或者解決方案。但是替代方案最好不要破壞社會通則或是一般常理，因為這樣可能讓消費者覺得「有吵的孩子有糖吃」，以後遇到相似的事件就會沒完沒了。所以前面好感度七大重點有跟大家分享，要聽出顧客「背後的期待」，而這樣的敏感度和反應能力，都是需要練出來的。

Lesson 2. 賣東西之前，讓客戶認識你

想要增加客源業績與指名度，最基本的能力除了要有好的服務之外，更要讓客戶記住自己的名字。

所有產業最後都會是服務業，但服務業也有不同類型，基本的像是具有個人特色的服務，像是指定設計師、指定特定對象的服務，這種不只是知名度高，也是指名度高。另外一種就是產品本身就具有特色，所提供的服務人員都是經過考核訓練，所以每個第一線服務人員，背後就代表了整個品牌的形象，像是空服員這類。

在職場服務的授課前，我自己都會去親身體驗，蒐集相關案例。過去連續幾次去的店家，不是不指定設計師，而是沒有一位設計師或助理，在服務過程中，

介紹自己的名字──那麼要顧客怎麼「指定」呢？

當櫃檯詢問「有沒有指定的設計師？」時，總不能回答是個男的、女的，胖胖的、高高的這樣的形容詞吧。而就算每位設計師與助理有「編號」，但是客戶並不見得會知道。所以，這些問題是設計師的問題，還是客戶的問題？

在賣東西給人之前，要先能銷售自己──練習怎麼把自己推銷出去。很多人一開始銷售時，會先開始介紹產品特色，還有優勢等，但是最後忘了介紹自己。以致於下次想要回購、或者轉介紹，都不知道要找誰。也所以同樣的產品，為什麼要找你買，而不找別人買？

就算不是被客戶指定的設計師，而是一位當下有空的資深設計師或者是新銳設計師，整個服務最後的目的不就是應該想辦法介紹自己，讓客戶下次來時可以指定自己，而增加客源嗎？

賣東西前要先懂得賣感覺

銷售產品前與潛在客戶建立關係，某一程度就是在銷售自己給潛在消費者。

有些在銷售時，或者在推薦產品時，自己都會心虛或者沒有面帶微笑，儘管有很多產品的專業知識，但卻缺乏了軟實力，使得銷售過程變得相對困難。而在累積扎實的基礎之前，應該要準備好一部問答集，先試想人家會問什麼問題，而你要如何回應，也就是我常說的：溝通不僅要建立自己的詞彙庫，還要建立起自己的資料庫，也要建立起自己的資源庫。

有時候消費者買的是一個「心情舒暢感」，講直接一點就是「爽度」，客人舒服了、感覺對了，很容易就會買單。還記得好感度七大重點的「笑」嗎？這個笑除了表情的微笑以外，更高層次是你給客戶的體驗與感受。

我受邀去一間美髮沙龍的領導品牌授課，因此我特地花時間提前自費去體驗，當神秘客。

當天我消費的是「精油洗髮」。坐下來不到三十秒，身上的羽絨外套還沒脫，連茶水都還沒遞上，店員馬上介紹我消費單價較高的「頭皮去角質療程」。聽完之後我丟出幾個問題，例如我等等要運動，這服務要多少時間？我剛做完去頭皮角質，所以應該不需要吧；對方回答的不錯，馬上就又介紹另一個「頭皮SPA療程」。

他清楚明瞭的介紹產品，但我為什麼沒有買單呢？

因為我只感受到他關注我的荷包與他的業績，卻沒有照顧我的感受。我身上的外套都還沒脫下來，連簡單的問候也沒有，更沒主動提及上次因缺貨而欠的我的兩組滿額贈品；在開始接受服務之前，我甚至還得自己到書報櫃拿報章雜誌來閱讀，這些客戶內心的問題及感受，都沒有被照顧到，怎麼有辦法讓我再掏出錢購買呢？

那可以怎麼做？其實你只要換位思考，如果你是你自己的客戶，你對於你提供的產品服務，自己會不會掏錢買單？這個問題就很像餐飲業，「你拿出來賣的菜，你會不會給家人吃？」如果答案是肯定的，那恭喜你可以往更頂尖邁進。

再次貼心提醒，好的服務除了讓客戶舒服外，一定要讓對方記住你的名字——但你不說，我怎麼會知道呢——我還有七次消費點數呢！

Lesson 3. 別讓大小眼遮蔽了業績

一位短期能在同一家店出現過四次，同時還買了兩組服務卡的客戶，是否可以推敲出對方應該在附近上班，或者是住在附近？

然而我曾經在短時間內去過一間店消費四次，沒有人認出我是常客之外，四次服務中我只喝過一杯茶，也沒有任何一個設計師或助理對我「自我介紹」，這是忘記了，還是公司沒有教導呢？還是覺得不需要——覺得我不會是你的客人？

四次服務中只有一杯水，到底是服務流程出問題？還是現場忙亂所造成的疏失？還是一樣覺得不需要——覺得我不會是你的常客？

我當神秘客時，除了體驗服務同時也在觀察。常看到設計師與助理坐在沙發上聊天、滑手機。這些事情對現場營運一點也不重要，然而服務客人這樣重要的事情，你卻沒有發現？顯然，你不是沒有時間忙其他事情，而是在忙你認為該忙的事情。當然，發現問題後會不會主動去做，這又是另一個問題了。

你沒有很忙，你只是在瞎忙

我曾在某次逛街時，恰巧聽到有店員在閒聊：「最近疫情影響，來客數少，沒客人的時段就沒有事情做了。」先姑且不論上班時間，還有如此充裕的時間可以閒聊。我自己會設身去想：如果這段沒有服務客戶的時間，公司照常發給你薪水，那麼這段時間是不是可以做些什麼為自己儲值？即便是去研究產品型錄、去思考怎麼開發客源，或者新的銷售模式，這些都是可以在空檔的時候為自己增值。可是當你可以閒到發慌，或者老闆來的時候才裝忙，那麼其實有你或沒有你這個員工，並沒有差別，因為——可被取代性太高。

有些人會因為某些客人工作頭銜不夠亮眼，而出現大小眼，互動態度有冷、熱的差別。我曾經到一個精品店授課，裡面都是門市的菁英，但是我注意到有一個業務很容易以貌取人，看到光鮮亮麗的客戶進來就會特別熱絡，看到穿著樸實的客戶進來，就相對比較冷淡。他自己可能沒有意識到自己的言行舉止有著這樣的差別，但我想，他在不知不覺中，已經錯失了許多既有客戶轉介紹其他客戶的機會。

誰都喜歡主動，主動去互動，不要被動，看到人進來就要問候，不要視而不見。科技再怎麼發達，也要加入人性，所有的產業到最後都會是服務業。畢竟，打動人心，才能讓客戶掏出荷包。況且，不論什麼產業的產品，都是要讓不同的年齡、客群買單不是嗎？

客戶服務是整個銷售整體流程，所有客戶上的感受。需要有溫度的表現，更要有平行的資訊結構和明確的交接聯繫，那並不是「誰」的工作，或是「哪個部門」該負責的，而是我們要共同負責的。更要打理好你的儀態，起碼讓對方感覺你是舒服的，讓人覺得你提供的服務配得這個價值。

如果有多元課程，就要留意細節，帶到心。譬如可以一次處理的醫美療程，課程諮詢師就可以多瞭解細節，帶到細項，比如客戶多久要回來一次，要補充什麼？提前詢問是否需要幫客戶預留車位，或者有什麼代辦事項需要一起處理等等。這些事前的預備工作，都會讓服務更加分。

我有一次去歐洲進口車知名品牌當神秘客，有位業務是連續好幾個年度的銷售王。有一年某個神秘客對這位業務評比很差，因為這位神秘客穿著拖鞋，而這位業務依照他的經驗判斷這是不會買車的客人，沒有接待對方，因此獲得很差的評比。一般人的反應可能是意志消沉，但這位業務則是仔細檢視自己的盲點和不足，重新調整後，隔年他獲得了年度冠軍，更拿下亞洲區的銷售冠軍。

我不是先天條件很優秀的講師，但是我卻是很願意學習，對任何事情都保持好奇的講師。也因為沒有包袱，所以可以自在的尋求身邊朋友的建議。在客戶關係這件事情上也一樣，別讓你的大小眼，遮蔽了業績。

Lesson 3. 別讓大小眼遮蔽了業績

CHAPTER 5

團隊的共識與共事

Lesson 1. 從婚禮中不嫁的新娘看跨部門溝通

在職場上有時候需要運籌帷幄，需要仔細思考判斷，然後準備至少三種可能發生的狀況，並且都能有一套說詞，也就是發生情況A、情況B與情況C時，可以怎麼樣做決定。當料想得到，真正遇到狀況時，就不會哀嚎自己怎麼沒料到。而當遇到相同情況，也要因為不同的人準備版本A、版本B和版本C的說法。

在踏入講師前，我擔任過婚禮顧問以及婚禮主持人。當一名稱職的主持，得要能隨機應變，而不是司儀般照著流程朗讀，因為婚宴現場的賓客眾多，只要出一個差錯，就可能造成極大的混亂。

我印象深刻是有一次主持午場婚禮，新娘突然氣憤的說：「老娘不嫁了！」喜事女主角說不嫁，那影響的可是主持人的生計，「老娘不嫁」聽在我耳裡簡直就是宣判「主持費飛走了」。

冷靜判斷情勢，對症下藥拆彈

事情發生是因為新娘的閨密Linda來到會場時，因為找不到停車位，把紅包交給新郎後就離去了。Linda覺得和新人都很熟，禮有到就好了；但新娘聽到卻氣炸了，因為Linda是她很重要的朋友，她認為如此重要的日子，一定要有閨密的參與，如果她沒有到場，這場婚禮就少了祝福。

新娘「不嫁」影響的不只是婚結不結得成這件事情，還包括現場工作人員和婚宴負責經理等。這個擦槍走火的意外，如果不止血，影響到的將會是新郎、新娘、雙方家長、飯店經理、飯店服務生、主廚、婚禮顧問兼主持人（我本人）、伴郎群六人、伴娘群六人、兩對花童、樂手表演者六人、音響燈光人員二人、攝影師二人、錄影師二人，以及四百位賓客。

這時候我腦海像是核彈快要爆炸的危急時刻，但還是得冷靜分析情況，然後快速判斷什麼事情該說、什麼不該說，同樣的話還要看時機場合說。

新娘在意的是閨密Linda不在場；新郎擔心的是新娘不嫁；賓客悶的是宴席怎麼還沒開桌；飯店經理焦慮的是會不會影響晚宴的婚禮；我慌的是婚禮沒辦成就收不到婚禮的尾款，我也無法跟其他廠商結付。但無論如何，我都不能把問題擴大，萬一沒有處理好，會收不到錢，我就得吃土。當下我得保持冷靜和微笑。

我轉向新郎，手比著OK的手勢，跟他說：「別擔心，我來處理。」

我先請新郎打電話給新娘閨密Linda。走離開新人休息室，我用新郎的電話跟Linda通話，我切換新娘難過又遺憾的口氣：「新娘覺得這麼重要的日子，一定要妳出席她才願意嫁，因為她很看重妳。我們已經安排人幫妳停車，如果沒走遠是不是可以請妳參與宴席，祝福新娘呢？」

Linda馬上回覆：「這樣呀！我還沒有走遠，我掉頭回去。」

確定Linda會回來，我回到會場。飯店經理此時面有難色，用手指著手錶說：「發生什麼事嗎？什麼時候要開席呢？」

這句話背後的意思是「都幾點了，怎麼還沒開席？萬一太晚結束，來不及翻桌，那會耽誤到下一組賓客耶！」對婚宴會館來說，延後就會增加成本，像是工讀生的費用、師傅料理菜色增長的時間，況且一家餐廳不是只有這個廳，經理的場控也攸關飯店的營運……所以我立刻回覆他：「我會準時交給你，不會耽誤到下一場的入場時間。」

接下來重頭戲就是新娘了。

她表情看起來怒氣未消，於是我面帶微笑跟她說：「Linda有特別打電話來說她正在趕回來，請妳先開始，不要讓現場賓客等太久，她會在二進前趕到會場，在現場給妳祝福。」這時候新娘臉上有了笑容，願意步上紅毯。

這短短三小時的時間，感覺好像折騰了三年。但是同樣一件事情，我對新郎、新娘、新娘閨密Linda以及飯店經理的說話應對都不一樣，背後其實都是緊抓著他們真正在意的點。如果將事情簡化成各自內心期待：

新郎：新娘不要生氣，嫁給我。

新娘：老娘就是要Linda在場陪我。

經理：你們準時結束，不要延誤晚宴場的新人。

我：拜託婚禮順利進行，我這個月要靠這筆生活啊。

如果我沒有冷靜應對，也沒有這些預備，那麼遇到這些事情勢必兵荒馬亂，搞得我人仰馬翻，真的就是做牛做馬，最後還白忙一場。

有些人或許會跑去和雙方家長說「唉唷！你的女兒不嫁了，你可以去勸勸她嗎？」但其實，雙方家長當下都忙著招待親友，他們如果加入戰局，只會讓事情更複雜。

這些就是職場中人際互動的巧實力，決斷總是在幾秒鐘，這也是經歷大風大浪後，從曾經被洗臉的挫折中所學到新經驗。也正因為這些預先思考及準備的過程，讓我們可以在衝突的驚滔駭浪中，仍舊沉著的說「百」浪淘淘我不怕。

Lesson 2. 換位思考：高度不同，視野不同、心境也不同

請把在學校習得的經驗保留，並開始轉換思維，用不同角度看事情。

不管是進入社會或是出社會，與在校園生活中最大的不同是，學校會給你機會，被當了可以重修，不小心做錯的事情下次還有機會彌補。然而在社會，大家是玩真的，每一步都要盡心盡力、每一步都要全力以赴，一旦錯失了，不一定還有機會可以挽回。或許你有點天份、熱情，但不代表不需要繼續精進。

回想剛踏入職場時，自己還是帶稚氣與青澀的社會新鮮人，那時候擔任業務的工作，因為達成業績，所以公司招待到歐洲法國旅遊。其中有一站是巴黎鐵塔，由設計師艾菲爾所設計，所以又稱為艾菲爾鐵塔，曾經還是世界最高的人造建築，能夠到這個地方真的十分期待。

抵達法國巴黎，佇立在鐵灰色的艾菲爾鐵塔前，總經理拍拍我的肩說：「東明，你一定要上鐵塔最頂層去看看。」

「啊？我不懂，為什麼要去最頂層？」

「到最頂層，你會有收穫的。」

巴黎鐵塔共有三階景觀台，若要到最頂層觀賞景色需要額外付費，「如果你擔心費用，公司贊助你上去。」看著沒有回應的我，總經理開口說。

「好！我會上去。」我回應總經理。那時候我才剛出社會，能出國旅遊就很開心了，總經理還說公司要贊助景觀台的門票，我當然立刻說好——都來了，不上去白不上去。

一開始心中滿是問號，為什麼總經理堅持要我上去最頂層呢？到了上面，才明白總經理要我體悟的事。

位置不同，視角也不同

從鐵塔的底端，直到我登上最頂層，我發現觀看巴黎鐵塔有五種層次：

一、站在巴黎鐵塔裡，三個不同樓層的景觀台，用不同的高度俯瞰巴黎。
二、在下方的廣場，由下往上看高聳的鐵塔。
三、從較遠的地方看整個鐵塔。
四、沒去過法國，但看過照片。
五、根本沒看過或沒聽過巴黎鐵塔。

每個層次都有不同樣貌，儘管看起來不一樣，但其實只是觀點不同，所看到的都是事實。

我常用這個故事告訴學生「換位思考」的重要性。我們很容易站在自己的角度或思考慣性去看事情，這是正常的，可是一件事情有很多面向，若沒有全盤考量，很容易侷限在框架裡。最可怕的是，只看過照片或是根本就沒有看過實體，根本不會瞭解事情狀況。同時也提醒我們，不要花太多力氣去和不同層次的人爭論誰對誰錯——因為那沒有太大的意義。

十多年後，一起共事的夥伴問我要不要安排半個月的假期，去歐洲休息沉澱一下，也因著這樣的機會，我重新到巴黎鐵塔舊地重遊。景色依舊震撼，拿著手機拍照記錄，回想第一次到這兒時還是底片機的年代，想要和巴黎鐵塔合照勢必得請人幫忙拍照，等到回國後把照片洗出來才知道有沒有拍好、有沒有對到焦。當回到台灣時，把那時候拍的照片沖洗出來後，真的十分「震撼」——慘不忍睹，該清楚的地方是模糊的，該模糊的地方還是模糊，巴黎鐵塔還被切了一半。

現在舊地重遊，拿起手機拍照，立刻就能看到照片的效果，還能打卡上傳，很快把看到的故事分享出去。十年前我第一次到巴黎鐵塔，我體悟到了同一個地方，有不同的觀看層次；十年後我再次來到巴黎鐵塔，我體悟到過去底片機的時代，已經被數位工具取代。

現在的我跟十年前的我，看待同一件事情的角度不一樣，處理事情也不一樣。十年前是底片機，十年後是數位機；誰也沒想到膠卷底片卻這樣消失了。但是經典仍舊是經典，艾菲爾鐵塔依舊，所以得努力讓自己的巧實力變成經典。

Lesson 3. 職場上的政治

「我把你當自己人看，所以這件事情就這樣子算了。」人際的勒索其實就是人情冷暖下，不得不低頭——因為他是行業裡的老大，他說了就算，如果你不要就拉倒，後面還有很多人搶著要——可是他真的是給你機會？還是只是想要從你身上獲得好處？當有一天你不再有益處，或許對方就會把你當作是可拋棄的免洗餐具——方便可用，用完就丟棄。連洗乾淨、回收的動作都沒有。

職場中有許多「肇事者」，製造問題後再以處理問題的角色出現，在職場裡縱火後，又協助滅火。在人際關係中製造衝突，批評這裡、埋怨那裡，透過放話來誹謗汙衊，讓原本的職場環境分崩離析。這時候就需要一個人來平息戰爭，可惜這通常就是那個肇事者。

職場中的操練，就很像戲劇《人選之人》中的一句台詞：「有一些話就是不能講，有一些情緒就是要控制，那個拿捏跟平衡，大概就是政治最難的地方吧！」職場中人與人的互動，就是一種政治，需要智慧去經營。

看透不說透，看穿不拆穿

很多在職場中的人都會有一個狀況，遇到事情總是想要一股腦兒地傾洩而出，任何喜怒哀樂或者風吹草動，不會看時機、場合和地點，想到什麼就說什麼。

雖然有些人認為這是坦率的表現——一張嘴通到腸子裡——雖然沒有錯，但是太快通到腸子，一下子就容易捅出婁子。有些話可大、可小，留了個話柄給人家，往往在明爭暗鬥的職場裡，可能就讓人有機可乘。

做一個聰明人，做不到的事情不要說。聰明人具有巧實力，聰明人看透不說透，看穿不拆穿，給別人留餘地，給自己留退路。

在職場上，有時候為了鞏固自己的地位，或者獲得個人私利，最常用的方法就是落井下石——找一個共同敵人或是說另一個人的壞話，很快就能拉近距離，這就是政治。但是政治並不是一定要黑暗，而是要清楚知道自己要什麼？方向是什麼？只要問心無愧，能夠抵達目標的方法，都不妨去嘗試。

有人說「錯誤的決策比貪污還可怕」，因此開始害怕去做決定或下定決心。但我認為，「害怕出錯而不決策」是心態直接癱瘓。盡力去做，沒有最好，只有更好；我們無法改變已經發生的事實，但我們可以選擇不要讓已經發生的事實，影響到未來的可能。

就像電影《捍衛戰士——獨行俠》裡面提到：這些你所知道的，敵人都知道；你會的，對方也會，「敵人唯一不知道的，是你們的極限。」

Lesson 4. 目標一致，才能團結向前

有句話，「一個人走得快，一群人走得遠」，顯示在職場上團結力量大。但是有時候在團隊裡工作，會有一個矛盾的衝擊，很多事情自己來做就好了，交辦給其他人會不放心。那種不放心來自於擔心，擔心若對方搞砸了，怎麼辦？

一個專案如果交給管理顧問公司去洽談，他們會怎麼談？會不會我覺得某企業需要的是提升服務敏感度，但管理顧問卻建議要銷售技巧呢？這時有時候會想要乾脆自己來，但我在帶領團隊的時候，得要在「親力親為」與「完全授權」之間拿捏；親力親為到最後，恐怕團隊沒有學到該學的功課，亦仍無法提供有效的支援。

皮克斯動畫（Pixar）有一部短動畫《For the birds》，講的是一群小鳥排排

站在電線杆上的電線，還有一隻美麗的大鳥站在電線杆上。大鳥想加入小鳥的團體，和他們站在一起，但因為電線的負重有限，一旦過重，電線自然就會下垂，然而小鳥沒有意識到平衡這件事情，只想要把這隻大鳥從團隊中趕走。而當這隻美麗的大鳥掉下去時觸地的那一刻，因為電線瞬間接地，而使得其他的小鳥觸電被電擊了。

有沒有可能在職場中，你覺得沒有用的螺絲釘，卻可能是能夠立大功的小兵？有沒有可能你把你覺得沒用的人，練兵成為一個可上戰場的領袖？

各有各自的立場與期待，如何找到共同的利益點

我曾輔導過一間知名婦產科經營的頂級坐月子中心。這間企業主打高端的客群，推出頂級的坐月子中心服務。月子中心有房務部、接待部和護理部三個部門，這三個部門的任務不同，「房務部」在第一線整理照顧產後媽咪的需求；「接待部」要跟準媽媽介紹中心的特色以及服務，也就是想辦法讓新客戶願意來這裡坐月子；「護理部」則是專業的護理師群，照顧新生兒非常專業，會依照標

準作業流程來執行每個照護步驟。

這三個部門都很盡力完成該做的事情，但是業績成長到一個瓶頸後便難以突破。坐月子中心的執行長找我去了解整個服務流程。後來我發現，三個部門很少合作，每一個部門的團隊成員，都會把該做的事情做好，這點沒問題，但問題是，部門之間的資訊卻沒有交流，以致於有些潛在客戶就流失了。

例如房務部是第一線照顧產後媽咪的人員，他們可以聽得到孕後媽咪的聲音，腰很痠、睡不好、產後疼痛等，但這些資訊，接待部與護理部都不知道。倘若護理部知道這樣的訊息，就可以提供客戶疼痛的衛教，又或者可以替客戶添加靠枕解決腰痠，及教導產後睡眠技巧。而接待部若知道護理部替客戶解決沒有提出的需求，則會變成一個很好的服務案例與經驗，提升服務品質。

同樣，當接待部在向準媽媽介紹環境時，看到護理師一隻手抱嬰孩，另一隻手寫病歷——而不是雙手抱著嬰孩。或許對護理部同仁來說這是小事，但對於準媽媽來說，特別是第一胎的新手媽媽，會對新生小寶貝更加小心翼翼，同樣也會期待照顧嬰兒的專業人員也能雙手呵護。這樣細微的感受，潛在客戶也許不會說出來，但是心裡可能會有這樣的疑慮。倘若知道這樣的情況，接待部和護理部或許就可以溝通協調出更好的做法。

而經過了調整與改變後，這間月子中心的服務量也開始成長。

一樣是喜事產業，有一次我受邀到婚禮顧問公司授課，教團隊銷售和共識。課程最後我請老闆上來跟大家說幾句話做收尾，結果老闆語出驚人，他說：「我花了那麼多錢請王東明老師來上課，你們一定要給我好好努力，把業績做出來。」

老闆說的這句，聽在同事耳裡有「你們」和「我」，老闆這樣講，就暗示了團隊有區分「你」和「我」。

應該要少講你、我、他或是你們、我們，而要拉近距離，讓大家上下內外一致。譬如「大家辛苦了」、「我們一起努力創造高峰，有高峰公司也不會忘記大家」、「員工的福利來自公司的獲利」等，創造共同合作。

Lesson 5. 有共識才能共事

現在的工作多重視團隊合作，一個人可以走得很快，但一群人可以走得很遠。職場中常說要「分工合作」，看似是一件事情，但是「分工」和「合作」其實是兩件事情，分工是各司其職，合作是要能聚焦在同一目標上。

如果想創造出驚人的成果，就得暫時放下自我，試著和不同的人合作。不需要拚得你死我活的鬥爭，因為鬥爭後通常只有二種結果：「死」跟「活」，但別人往往都不管你的死活。所以，如果兩個都能活，為什麼一定要分出勝負？

沒有明星球員，只有明星團隊

每個人都有自己的專長和特色，如果把完成任務當作是在玩一場撲克牌，每個人的能力從一到十三分不等（J、Q、K分別當作十一、十二和十三）。假設我只有一分，但如果我能把擁有二至十三分的人組合起來，我們就可以打出「一條龍」。但如果我自己是某一個領域的老K，再怎麼優秀、再怎麼努力，頂多只能成為「鐵支」（拿到四張K）。

職場就很像在玩一場撲克牌。不要小看分數小的牌，因為總有機會創造出大奇蹟。

以團隊合作的方式工作，就是要全體目標一致。團隊要一起強才能往前加速，但是如果其中一個單位部門沒那麼強，就會拖累整個進度。而如果每個單位部門都各唱各的調，各自往不同的方向，甚至推託認為那是其他部門的工作，結果最後可能會變成五馬分屍。

先要有「共是」，也就是團隊共同認知的方向，明確討論出什麼才是對團隊有利的，並且共同確認三次以上。有了共同認知後，大家同意的目標和做法，才是「共識」。如此，團隊一起「共事」，合作完成任務。

做為團隊的成員，應該要把自己融入到團隊之中，什麼事情多看一點，多想一點，彼此互相補位。如果選擇了比自己還優秀的A咖夥伴互補，更會遇強則強。

有些人在團隊中，總覺得忿忿不平，有許多負面看法，甚至最後還製造麻煩，又或者擺爛。我們不能只有負面情緒，但沒有給具體方案；不能只有扯後腿，但不願意跑腿。也並不是「擺爛」就可以什麼都不說、都不做。只要你是團隊的一員，你就不應該這樣做。

比利時公車推出一個廣告「It is smarter to travel in groups」，描述企鵝、螞蟻、螢火蟲和螃蟹在影片裡結隊成行抵禦外敵。裡面讓我印象深刻的是一隻螢火蟲單獨飛翔。他夜間飛行的時候，一直會撞到前面的樹，因為就算他再怎麼亮，也無法照亮整片森林，那些他沒看到被遮住的樹，就好比我們都會遇到的盲點。然而，在他撞樹跌倒後，突然看到有一群螢火蟲快速且成功的飛過樹林。

這隻螢火蟲心裡或許在想，「那群發光沒有比我亮的螢火蟲，憑什麼辦到的？」但當他再仔細一看，原來是所有的螢火蟲都聚在一起，成為一個發光體，如此可照亮的區域就能更亮、更遠、更廣，使得群體中的每隻螢火蟲，都可以看到前方森林裡的樹木，避免撞到。

在團隊裡，先有共識才能共事。也許每個人都不是最頂尖的，但是每個人都有他的特色與特點，可以互相配搭補位，成就團隊的目標。

CHAPTER 6

堅持人所不能，
才能出類拔萃

Lesson 1. 扎實的能力，就能爭取當得的利益

借力使力，發揮自己的實力。沒有最好，只有更好。不是學到就是得到，最怕的是原地不動。當我們真心努力過，一定希望看到成果，但如果連自己都無法肯定這些努力，那不管怎麼持續拚，都無法得到自我認同。

在付出努力的過程，多少都會有負面的聲音、來自外在的聲音，甚至連自己都會懷疑自己是不是真的可以，請不要停止努力！現在你以為不可能的事情，不代表以後永遠都不可能。只要爬起來的次數，比跌倒的次數多一次，那就有可能。但在這個過程當中，跌倒了要有熬過去的勇氣，還要耐得住被冷眼看待的煎熬，失敗後反省，接著再轉念重新挑戰，這樣的循環，就是在人生中會不斷反覆出現。

不要慌也不要荒，失敗後重新再挑戰

看不到結果時，心裡會慌，那是正常的反應，但是一直慌，到什麼事情也做不了，那就是不正常的反應。不安，是一個人成長的動力，如果安於現狀，那麼可能你就已經停止了繼續努力。看清楚真正想要的成果，不自我設限地去努力，很多事情都有可能——有人會跟你說你不可能，但只有你才能證明他們是錯的。

職場工作千萬不要「慌」，也不要「荒」。遇到危機不需要慌慌張張，認清問題的癥結點，也不要荒唐地想要立竿見影，急著證明自己的能力。

或許只有一次的挑戰，沒有辦法換來成功，但是當你努力跨出的第一步，一定能有所改變，逐漸累積起堅定的自信。

現狀無法馬上改變，也無法馬上改變人的想法，被誤會被誤解，有時候就只能當作啞巴吃黃連，吞下去這個苦。一般人只能在苦裡情緒掙扎，但練習面對處理，總會看清楚真相。雖然也會悲傷，但可以超越傷悲，讓自己在這個過程中，不斷地茁壯。

有時候佩服自己，面對一大堆謊言，聽多了鬼話、人話甚至是神話，看著這些戴著面具的人，還能笑著說沒有關係，繼續往前。畢竟有些話，透過轉述我們永遠只能知道片段，無法還原當時真正的情形，因此沒有辦法控制結果，即便被誤會、被傷害，我能做的就是繼續往前，接受已經發生的事實。誰更能接受、誰能夠站穩腳步調整，就有機會變得更優秀。

花時間在數落自己的缺點，不如把心力放在該如何加強與調整。在這個世界上，或許有些人不如你好，但也有很多人比你好很多；人外有人，天外有天。不要小看任何人，不管他現在是什麼樣子，也許表現得不好，但不代表他永遠都是這個樣子，現在就算是很光鮮亮麗，也不代表他將來一定比現在好。

人不可貌相，海水不可斗量，現在也有很多很低調卻也很厲害的人，用很謙卑的方式表現。

講師這個行業，沒有成長就沒有下一個機會，而當上明星講師並沒有太大的意義，對我來說要當有影響力的講師，才是我想努力的。

你在職場上有什麼期待嗎？你可以想像你未來所要站的位置嗎？就像艾菲爾

鐵塔，高度不同視野不同，雖然現在還沒踏進高層次，但你可以先決定要不要往上？如果要往上看見不同的風景，那麼現在的你要做哪些預備？

好比你有一塊土地，你想要種植的東西，不會無緣無故長出來，而鬆土播種後，還要等待一段時間讓作物發芽成熟。可是你要栽種什麼，就是你要學要練的規劃。讓你學的東西和職涯規劃產生最大的連結性，才能去想未來三年、五年或十年後的自己，將會站在哪裡、過著什麼樣的人生？

瞭解在各層面需要具備什麼樣的能力，才能精確的訓練自己，培養不可取代的技能。但如果你只安於現狀，就會像動物園裡的獅子，養尊處優，一旦回到森林裡，卻再也不能當王——因為已經失去了獵食的能力。

Lesson 2. 沒有最好，只有更好；沒有奇蹟，只有累積

有一位服裝設計師，她的背景很特別，她曾是百貨公司裡銷售商務公事包的櫃台一姊，後來發現腦部有腫瘤，自此做什麼事情都開心不起來，於是辭去工作，去五分埔批貨到傳統市場賣。

由於她很有美感眼光，也有百貨陳列的經驗，整個傳統市場就屬她的攤位最漂亮。從她的帶貨能力以及業務銷售技巧，我看到她找到自己的優勢定位。

她從擺攤到店面已經十年了。擺攤後存了一筆錢，開了第一家店，後來又開了四間店。（雖然因為疫情影響收店，目前僅剩下一家，但是總體營業額仍舊維持，主因在她除了實體店面外，也透過線上銷售。）為了精進自己，她還去進修服裝設計和品牌經營管理課。她是班上出席率最低的，因為她常要出國帶貨，但

是學校老師看見她的特質，鼓勵她參加時尚週的設計比賽。

她是比賽中唯一的素人，而且還是年紀最大。她也非科班出身（參賽選手中有很多是國外知名服裝設計學院畢業的，也有很多國內外參賽經驗。），但她在比賽中脫穎而出，一舉獲得首獎。

有時候，覺得人生卡關，或者找不到方向的時候，可以更上一層樓。一場大病讓她重新思考自己真正想要的，也開啟了新的方向。

成功沒有捷徑，只有不斷練習

我有一位從事醫療業的顧問生，就專業知識來說他的確很厲害，無論是分析、詮釋、教學、專案規畫等，都有相當好的概念，但是他仍覺得工作能力不佳，對自己超級沒有自信。後來才發現原來他身邊所遇到的前輩或同事，都只會指出他的問題，卻完全沒有提供可以執行的建議，而他又是一位高敏感特質的人，所以這些負面的聲音，讓他懷疑起自己，拘泥在自己的缺點上。我看得出他很有潛力，高敏感也是他的天賦，但就在意他人的眼光，懷疑自己的能力。

我帶著他看我怎麼和企業互動，怎麼和顧問案進行深入盤點，他在這些過程觀察出我的執行細節，也知道我每句話和每個行動背後的用意和企圖，所以其實他知道該怎麼做，只是身上背負著太多包袱。我跟他說，這些包袱就是你的道具，就看你是不是每次上台，都要讓所有道具全部上場。每一次上台，都是重新出發，新的開始——因為還有舞台讓你登場。

有很多教學後的回饋短訊，或是臉書粉絲頁的私訊，我都會截圖保留作為教學回饋卡，當作是「小天使的聲音」，在我無力的時候，我會拿出來看，激勵一下自己。我承認自己也需要鼓勵，學員的進步願意跟我分享，真的很棒！或許，這就是身為一位教師最引以為傲的光榮時刻。

成功，沒有捷徑，只有一步一步的累積。訓練過這麼多企業學員，很少有表現是一步到位的，都是經歷表現、修正、再表現的無限循環裡。只是在修正過程中，要聽到真話和對的建議不容易，有些只是嘴巴說說，或是沒有建設性的行動方案。這些人如果能說出怎麼做就一定會成功、一定可以有脫穎而出的表現，那只有兩種可能，一是他有著強烈的堅持（固執），要不就是他有收錢。

萬事都從小事開始。不同的舞台，先熟悉後，再轉型。職場中很難有一次到位的，就像打高爾夫球，要一桿進洞，總是要歷經很多次的推桿練習，才能有亮眼的成績。

Lesson 3. 跑在前面不一定贏，跑到終點才算勝利

走過相同的路，未必就是同路人；相同的人生經驗，並無法證明一個人的品格，反而要留意那些有相同經歷，卻莫名接近你的人。每個人都會希望被認同、受到支持與肯定，但是有時候為了利益衝突，很多時候可能原本是朋友就翻臉不認帳了；要怎麼走到最後，比的就是實力。我曾鼓勵一位學生：「要記得，跑在前面的人，不一定會贏得比賽，先跑到終點的才算贏。」

吳慷仁，第五十一屆金鐘獎戲劇節目男主角獎，上台領獎致詞時，他說，「八年了，從一個講五個字要連續ＮＧ二十次的演員，到我現在站在這個台上。謝謝評審，以後的我不會讓你們失望，我會更鬆，我會演得更好，我會再來……謝謝導演，希望現在的我，沒有讓你們失望，謝謝你，謝謝你選了我，我是幸運

的……」也許我們不是最有天分的，但是我們總是可以當最努力的那一個。

人生的主角是自己，每個人都有美中不足的地方，但也正是這些美中不足，讓自己多了不同的可能性，淬鍊出自己的特色。

客觀看自己，不要迷失方向

職場中，神隊友可遇不可求，但豬隊友到處都有。有時候你期待他們把事情做完，就是一種過度期待。最後就只希望他的行為不要阻擾認真工作的人，或者想要繼續努力的人。

和失敗一樣，成功會使你失去很多選擇。當你到達一座山的顛峰後，你會想要挑戰下一個山頭，當你到顛峰的時候，身邊有些人會給你掌聲，有些人會給你噓聲。畢竟高度不同、視野也會不同。

每當完成一項工作，都會提高對表現的期望，這種現象稱為「彼得原理（Peter Principle）」，每個人都會晉升到自己不能勝任的職位，可是在這過程中，你得要相信自己。每個人都不完美，但當你對自己沒有自信時，就會產生自卑；

當別人讚美你時，你會覺得那是假的；當別人批評你的時候，你卻會往心裡去。而當你對自己沒有信心的時候，就沒有辦法客觀地看待自己。這時候，你會開始用不同的鏡子看待自己，有些是一般鏡子，客觀反映你的現狀；有些是哈哈鏡，把你的某些部分扭曲。如果把優點過度放大，就可能淹沒在掌聲中；但若把缺點過度放大，就可能出現憂鬱無助。不妨仔細看看是哪面鏡子在影響著你，這面鏡子能夠客觀反映出你的狀況嗎？

每個人都有自己的功課，或者每個人都有自己的結。要怎麼寫完功課，或者解開這個結，解鈴還須繫鈴人，當你越抗拒想要逃避，它會纏繞得越緊，有時反而放手才能鬆手。

有時候你雖然很努力，但是努力的方向並不對，那不是你真正想要做的，而是別人期待你做的，或者你演出別人的樣子，卻找不到自己。一個再聰明優秀的人，只要無法客觀地看待自己，甚至悲觀認為自己一無是處，那就很容易迷失方向——因為他不覺得自己有什麼優點，也看不出自己的優勢。

美國前第一夫人愛蓮娜．羅斯福（Eleanor Roosevelt）曾說，「只有停下腳步直接面對自己的恐懼時，才能獲得能力、勇氣和自信。」你可以對自己說：「這樣的困難我都克服了，那我一定能夠面對接下來的困難。」嘗試著去做你認為無法做到的事，真實地面對自己。」而當你覺得自己不快樂時，就去找找自己的初衷。

Lesson 4. 不完美的背後也能預見美

有時候我們看似的災難，換個角度也許是一種祝福，讓我們能夠做最真實的自己，啟動內在的天賦。我想這是當講師最滿足的時刻，但在我的教育訓練輔導過程中，也不是每個案子都完美。

過年前，無意看到自己輔導案的教學紀錄影片，這是我嗎？怎麼會這樣？眼睛臉部浮腫、嘴巴周圍都是痘痘，肚子這麼大，氣色很差，還發現自己頭髮掉的很嚴重……

那時候因為疫情打亂工作行程，除了教課還有輔導案要進行，其中一個輔導案的學員還要透過第三方的評鑑，過關之後才可以有機會晉級、領獎金。結果有三分之二的學員沒通過評鑑，其中還有很多我認為一定會過的學員沒過，還有幾家門市的全部課員，包含主管都沒通過評鑑。

我情緒激動到不知道怎麼反應，因為我看了所謂第三方的評鑑資料、影片、報告，這些學員付出的心血和努力呈現的專業表現，卻被非相關專業的評鑑者品頭論足，內心呈現一種「非專業領導專業」的不甘心！就很像是歌唱選秀節目，找不會唱歌、不是唱片圈的評審，打分數、給評鑑，點評時一直說「我覺得、我感覺」這些用字遣詞，沒能具體點出問題，甚至有種透過滅他人志氣、長自己當評審的威風。在企業內訓的過程裡，也常會遇到只會批評但卻沒有建設性的回饋，這樣往往會瓦解員工的向心力，還會把團隊氣氛弄得很僵。

世事不可能如願，回看成功之外的收穫

頓時我腦子想起了電影《型男飛行日記》男主角到各公司資遣員工的情景，雖然我的專案不是要資遣員工，而是檢討問題——我自己很多內心戲。曾經我也是被面談的人，所以更能體會對方的心境，就算說不會、沒關係，也能感受到內心的失落。

我永遠記得有位老實的夥伴，手腳發抖到我的諮詢室，擔心自己沒過評鑑而被公司懲罰，看著報告，我說：「我也不認識這評鑑的人，我們用理性客觀的角度來看待自己可以更好的地方，如果你覺得沒有或不認同，可以提出，我們就進行下一關，由我來親自評鑑，問幾個現場的狀況題，看你怎麼處理，如何？」

《型男飛行日記》有段台詞是：「想想看，在那些你生命中最珍貴難忘的回憶，你是一個人的嗎？……生命需要陪伴，每個人都需要一個副駕駛。」在飛行的過程中，總會有亂流，而我希望帶著這些副駕駛，找出盲點後改正，可以提升為掌舵的機長。

後來我真的在主管會議，提出這三百多份報告可能的問題盲點。當然我在這之前也特別請益在相同評鑑產業的朋友——雖然自己過去工作有評鑑產業的經驗，怕自己太過感情用事，不夠客觀。

這個輔導案，我投入了很多感情、時間。除了教課輔導之外，也會跟學員們透過臉書互動，我希望自己的教學輔導專業，也能夠陪著這些產業的學員成長。儘管評鑑一事，後來並不盡所望，但卻讓我很有成就感，有店經理甚至傳私訊給我：「老師，雖然我們店全軍覆沒，但我們更有向心力，大家更認真，連店裡的工讀生都會賣高單價的吹風機。謝謝老師的教導與鼓勵！」

面對失敗挫折每個人都會慌，有低潮是正常的，只是有些人選擇不說，一肩扛下重擔。我從一位講師到教練顧問，在這個過程中我能做的就是經營好自己，自己有沒有賣點，只有自己知道，以及市場會證明。一開始我也得低聲下氣地去拜訪客戶、尋求機會，而不是坐著等，等著機會從天而降——萬一機會沒有從天而降，我不經營自己、不研發課程產品，這樣的過程和等死沒有兩樣，我才不想要人生白活一場。

前美國花旗集團（Citicorp）執行長沃爾特．里斯頓（Walter Wriston, 1919~2005）致力培育新人，他認為這是在為了未來而工作，他曾說：「當你成為一個過來人，你可以提供年輕的公司很多有用的經驗。」我很高興我是東明老師，偶像實力派兼具的企業講師。

Lesson 5. 輸不見得是壞事，把握機會秀自己

每個人所經歷的都是過程。我曾經也被人瞧不起，曾經有人當面跟我說：「你是婚禮主持人、婚禮顧問，很難在企業當講師。即便能教課，能教的內容也難登大雅之堂。」我知道我在他心裡，就是出身低俗，跟出身企業、專業人士相比，差了十萬八千里。於是，我告訴自己，有天要證明他是錯的。我用了好多年的時間努力，把他說的劣勢，轉換成優勢，我不只是要證明他的眼光看錯，也要鼓勵其他人，「英雄不怕出身低」，即便出生再平凡，努力向前走也可以活出不平凡。

多年後，我還活躍在市場上，教學品質與內容，也被許多客戶肯定，過去曾當面說我的教學難登大雅之堂的前輩、曾經看不起的人都跟我說對不起。

我也會迷惘，有時候也會沒有自信；自己走過，更希望能和學生分享。每個人一定都有精彩的部分，只是多數都被那些負向的想法困住了。

問題解決的方法不在身後，而在眼前

大家都追逐明星光環，似乎需要有同事、有長官的肯定，才會覺得自己有價值。但是有許多人本身就有很多優秀的特質和亮點，只是被許多外在似是而非的評斷埋沒了，以致到最後變得沒有自信，甚至相信那些負面的聲音——但實際上，並沒有那麼糟糕。

就像演藝事業的諧星，有一天也能變成大明星，千萬不要小看自己的潛能。當時我的目標很明確，就是要讓自己活下去。所以只要能讓自己活下去的工作，我能接就接，像是主持工作、頂著大熱天穿著布偶裝和人群互動、賣滷味等。沒有包袱，往前走，就能看見淚水背後的祝福。就像韓劇《黑暗榮耀》裡有句台詞：「別回頭，解決的方法不在你身後，總是在你眼前，人生就是這麼回事。」

我有時候下課總會想一個人靜一靜，並不是故意離群，而是一個人沉澱有時候很舒服。不用配合別人假裝開心，真真實實地面對自己，扎扎實實地經營自己。

安·海瑟薇（Anne Hathaway）在《麻雀變公主》中擔任女主角，飾演蜜亞公主，這是安·海瑟薇電影的處女作，電影推出後一舉成名。安·海瑟薇為了詮釋好公主的角色，閱讀了相關書籍，後續也出演多部迪士尼製作的影片，但是因為演出公主的形象已經被定型了，因此觀眾對她的角色就定位在「公主」的戲路，導致後續的作品反應就普通，使得她演員的生涯載浮載沉。直到演出《斷背山》，突破了清純偶像劇女演員的形象，才開始又成為好萊塢注目的演員，接著參與《穿著Prada的惡魔》，才轉型成功。

一張白紙，有各式各樣的用途，軟實力就是要讓這張白紙成為有經濟價值的紙。

機會很難得，學習很容易；所以要隨時準備好，或者當機會來敲門的時候，就勇敢回應「好，沒問題，我可以做」，當別人問你會不會做一件事情時，你要說「會」，然後盡快花時間學會它。

很多優秀的特質，是由自身發出的，並不需要靠文憑或是證照來證明你自身的價值。也有很多專業或者自身做的事情，市場本身就會給予回饋，也就是很現實的「市場買不買單」，這些都不是靠別人嘴巴的說三道四的認同。又比如台灣有太多隱形冠軍，大家都不知道，很多好吃的東西，並不在米其林的評鑑當中。不要被定位在只有虛華的光芒。

「做人、做事、敢秀」我覺得這是職場成功的三要素。雖然敢秀有時候會讓人覺得是在作秀，但是在現實的職場社會中，默默努力有時候十年寒窗真的就無人問。一舉成名需要展現出自己的特色——而且該秀的時候就要秀——當有機會上台展現的時候，就要大方的秀出自己。

Lesson 6. 低頭也是一種勇氣

有真實的失敗經驗，才會更懂得如何減輕失敗的代價。我以前賣滷味創業時，曾經被自己的同事盜領公司預算，戶頭剩下三百六十五元。那時候都不知道下一餐在哪裡，還要擔心下個月營運的基本開銷，我能怎麼辦？很激動、很有情緒，但還是得要想辦法處理。

有時候，努力會讓人相信自己不可能失敗，但實際上，有時候這樣的執念、不變通，卻會阻礙一個人的成功。

盤點資源，壯大自己

有次我接下了一個教導特教學生學習演說表達的教學任務。這些學生有視障、聽障、學障等，他們有各自的專長和魅力，只是他們都太專注在自己的缺陷裡。在二天的課程裡要讓他們能夠有自信表達專長，而非被自己先天的限制所限制。當中有一位視障學生讓我印象深刻，視力模糊的他每天出門花了許多時間打理自己的妝容，為了讓自己看起來和正常人沒有什麼不一樣，他想透過化妝來掩飾自己的缺點。他在課程中問我：「若有時候遇到現實不得不低頭的時候，可以怎麼辦？」我回他：「那就想辦法壯大自己。」

在這同時，我在電腦播放了一首歌曲送給他，那是蔡依林的歌曲《我》。聽完這首歌後，那位學生默默掉下眼淚，他說他被這首歌震撼到。

我跟他說，連巨星都曾遭遇到低潮軟弱，每個人都會，差別在於「堅持做好自己」，或是「看著自己被這個世界慢慢變成別人」。

低頭有時候是一種勇氣，是生活方式和工作方式的一種。當你遇到一個關卡，你狠狠的衝撞，只會讓自己撞得滿頭包，唯一的方式就是低頭彎腰，讓你能夠過這個門。我在職場的歷練，都是遇到不同的經歷、吃過許多虧而練就出來的，但也因為這樣的經驗，使得我主角或配角都能演，這也是一種面對生活的彈性。

許多人羨慕當講師能夠上台自在，自信上台。但是當沒有舞台或者在擂台賽中要下台，會傷心難過是人之常情，下台後更是需要調整與準備，磨練自己的實力和技藝，做好能隨時再上台的準備。不只能當紅花，也可以當好綠葉；在別人的場子能夠巧妙讓對方贏得面子，而我也贏得裡子。

雖然有自信的人不需要向「別人」證明自己，但是會自己追求突破，讓別人知道不是被定位在一個路線。就譬如張惠妹以阿妹（A-Mei）出道多年，最後轉型以卑南語的名字阿密特（A-mit）重新出道，也是這樣的概念，對於自我要求的一種跨越的自我突破。

每個人都有自己的人生功課要修。每個人成長的環境背景不同，對同一件事情也有著截然不同的感受，你覺得痛苦的事情，別人未必會覺得辛苦。所以你難過受挫，就算身邊的親友能夠陪你，但最終自己的功課還是要自己修。生活並不會因為你感覺受傷難過，就停止給你壓力；無常才是正常。就像當講師，學員不努力讓教師不好受，還是得繼續教下去；工作很累，不想要做了，但還是得咬緊牙根往前走。而最後，學員的表現、團隊的榮譽和這一些教學相長的訓練，就是這些難受過程中最大的報酬。

當機會來敲門的時候，你會勇敢地說「我來」，用力舉手大喊「選我選我」，還是推辭然後說「我還沒有準備好」，怯場害怕自己表現不好會失去所有一切，然後想到災難性的後果呢？

可是當你不站出去的時候，失去的是什麼？你可能會錯過機會，然後就真的不會再有下一次。

我們每個人是特別的，一定都可以找到屬於自己的光芒。只有當我們覺得限制是限制時，它才會是我們的限制。不要往可憐的方向走，要走向讓人可敬的方向。

盤點自己的資源，如果重新來過，會做什麼樣的選擇？如果你現在還在猶豫一件事情要不要做，請把自己的眼光放遠、高度放高，反問自己如果現在不做，以後會不會做？或者，以後會不會後悔現在的自己沒有勇敢去做？

Lesson 7. 師父領進門，修行在個人

每次有人問我是如何入行當講師？我回答「誤打誤撞」，大家都以為我在開玩笑。我也常被問「有受過課程的專業訓練嗎？」，我回答「沒有耶！」身邊剛入行的講師朋友總會接著問：「那你不想要參與培訓課程嗎？」

我當然會想要更精進教學能力和授課技巧，但未必有機會能夠參與入門課程。這行業看似很有趣，站在台上的講師有魅力光芒、有影響力，但多數都只看到光鮮亮麗的那面。

每個行業都有不為人知的辛酸，踏入某個領域就得更努力的開始！一開始不免都會在意別人的評價，就像剛進入職場總是會有人想要看你的表現，鋒芒畢露或者少不經事，都會讓人家有批評的空間，這些都要慢慢地去拿捏才知道怎麼樣

在職場中處事圓融。

到最後在職場中打滾久了，自己不用特別在意評價，就可以知道自己在台上的表現。到了這個層次，就可以預估客戶是不是會再度購買你的產品。就像我的產品就是我所教授的課程，課程成功，企業就會增加教學梯次與頻率，並在不同單位持續開課，就像藝人巡迴演唱，口碑好就會一場一場的加開。甚至對講師的專業認同，主動提問是否有其他課程，與我一起討論量身訂做的專屬課程。這些都是逐漸累積的，無法一蹴可幾。如果比喻在職場，某一程度就是你自己的個人品牌價值，怎麼樣經營讓你所服務的公司團隊，願意全力支持你，並且願意相信你可以帶給他們極大的成功。

術業有專攻，不要停止學習

我是一位講師，但未必是「專業」的講師，因為領域不同，專業也不同，很難有公平的標準。如果以企業講師的領域來說，我覺得滿足「客戶」最重要。這位客戶不只是找你授課的企業，還要兼顧人力資源部的課程規劃需求，更要滿足來上課的學生，當然也要滿足和你合作的管理顧問公司（很像講師的經紀人，是企業和講師的橋樑）。

有一次和管理顧問公司的老闆見面，他問我：誰會用將近快六位數（沒寫錯，真的是快六位數）的學費去參與「講師培訓」的課程？

「真不知道有哪些人會去參與這些課程？」前輩繼續問。

「我會呀！我會啊！因為付了這些錢知道人家花時間摸索出來的技巧，或許我少走些冤枉路，又或者上課後，就更快知道自己適不適合擔任講師？總比我花很多時間摸索，到最後證明自己不適合，這樣其實很省時間、也很省金錢。使用者付費，不付錢的通常不會珍惜，所以這錢很值得花！因為我可以找到心中問題的答案。」

高手過招，處理事情我們有自己的習慣；同一件事情可以請教不同的人，雖然賣的是機器，但服務的是人。花錢學習他人知識，最大的收穫是什麼？「一個問題不是只有一種解法。」

我常常會用歌手來比喻。會唱歌的人很多，選擇的舞台不同，結果也會不一樣。公園的街頭藝人是歌手，在教會唱詩歌、婚禮上的樂團一樣都是歌手，能發唱片的也是歌手，能發一張唱片是否有第二張？是否能站在巨蛋開演唱會？就算能開演唱會可以開幾場？可以世界巡迴嗎？這些其實都是在每一次的表現中，不斷尋求突破。

我也常以歌手蕭敬騰的故事來激勵自己。以前我都會認為自己不夠專業、學經歷不夠漂亮。蕭敬騰在歌唱選秀節目闖關當大魔王，沒得第一名，卻在大小舞台嶄露頭角；當年被稱為「省話一哥」，最後卻能擔任金曲獎主持人。常說十年磨一劍，怎麼經營就看自己願意投入多少心力。

或許你可以再問自己：你想在職場中，成為什麼樣的人？你想要站在什麼樣的舞台？要抵達這樣的目標，需要怎麼樣的努力？或許你就會找得到答案。

教育是知道，訓練讓他做到；但怎麼樣讓學生知道，知道了又要怎麼做？最難的就是要引導學生做到，而知道怎麼做之後，怎麼做出特色——就像很多料理，做法都一樣，但是怎麼做出不同滋味，就是每位廚師的底蘊了。

《禮記》上有句話「經師易得，人師難求」；我期待自己不是只會講道理的老師，而是能夠以身作則，自己能夠做得到。學生表現好的時候會給鼓勵，做錯了明確點出問題，給予實際的改善方案，把複雜的問題變簡單。我不敢說自己做的多好（但敢說自己沒有差到哪裡），起碼我對得起自己，言行一致。我不是個只會講道理的講師，我常會恩威並重，逼著學生也鼓勵學生，直到達成目標。因為自己一個人好不夠，要大家一起變得更好，才能讓整個圈子進步。職場中也是相同的，自己好沒有辦法得分，而是大家要一起共好。

Lesson 8. 曲折是養分，試煉是功課

曾經有學生問我一個問題：「當工作生活中，對自己的一切有很多聲音，困擾著自己時該怎麼辦？」我講了幾個案例，當然包含我自己的親身經驗，投影片出現了「我想成為什麼樣的一個人」的字樣，後面還加上一個大大的問號。

我問了一個很「寬廣」的問題，大家也不知道該怎麼回答，「把你想成為的那個人該具備的能力條件，條列式寫出來，並且思考要做哪些事、學哪些技能，才能有這些條件？」當條件多了，也突顯出自己與別人的差異。當機會來了，你有勇氣爭取，讓自己站上去，如果贏得滿堂采，那恭喜你，你一定花了很多心思下足了功夫！

但如果這些不必要的聲音影響到你，影響到你該做的事情都沒做，甚至都沒

做好，那代表著你功力不夠，或者他們說的都是真的——你害怕曝光之後帶來的負面效應。

別怕，不是真的就別怕！只要是合情合理合法，你不用擔心！當這些聲音排山倒海而來時，你更要提醒自己，你想要成為什麼樣的人。這些大目標下的小目標，若沒逐一完成，那我們都沒有太多時間浪費在處理這些聲音。有些聲音，如果你聽進去，而且把它當真——你就輸了！因為身邊有很多人，並不是真的想要給你建議，他們只是對你有意見。

沒有苦痛和迷惘，沒有成長

有一天在聽演唱會的時候，突然聽到一首熟悉的歌曲，那是譚詠麟的《像我這樣的朋友》。我真的不知道多久沒聽過這首歌，那天坐在台下欣賞演唱會，我竟然可以跟著唱。

仔細聽這首歌的歌詞，想起昨天和一位在菜市場做生意的朋友吃飯，他跟我說了很多他過去成長中的故事，我們四目相望、惺惺相惜。他跟我說他努力的動力是來自「恨」，我忍著交雜的情緒，我不敢承認我心中有多少的「恨」，這種感覺複雜，來自被瞧不起、辛酸委屈及冷嘲熱諷……

回想以前工作的經歷，我扛過瓦斯，經歷過白天上班，晚上還要兼大夜班；開貨車賣滷味，凌晨還要上批發市場準備貨物。同時兼了好幾份工作，只想證明自己的價值，讓自己能夠活下來，同時，不讓自己閒下來。深怕自己一停下來，就會開始出現負面思考，然後自己被這些不開心給綁住。忙碌的節奏，能讓我感覺正在遠離負面鋒面，往有希望的地方前進。我只想往前走，因為解答永遠在前方。

不太掉眼淚的我，聽到這首歌時，卻默默紅了眼眶。原來有些事情，我以為我忘了、我放下了，但他們依然在我記憶的深處。

現在的我每天提醒自己要保持微笑，並不是我要營造虛假的形象，而是當年本想結束自己的生命，卻因聽到「多活一天，我就算賺到一天」這句話選擇留下來，也所以現在的每一天都是「多」得的。

我很少談起這些事。不起眼的毛毛蟲，為了成為飛舞的彩蝶，總得經過成蛹的束縛。外面的人並不會看出來你怎麼了，只有自己知道是在為自己下一次重生蛻變而沉潛。

每個人在成長過程中，都有不同的曲折，我總是鼓勵大家，趁年輕吃多一點苦、吞多一點委屈，未必是壞事，這些都可能成為成長的養分與洗禮。

生命裡一帆風順的人畢竟少數，若可以選擇受到煎熬的時間，早點面對之後重新揚帆的機會反而比較大。如果人生接受風雨的試煉是必經的過程，年輕時遇到，彈性比較大，也比較有機會學到個人的功課。

每次分享生活的點滴，好像都是享受生活，往往都會有種「我沒吃過苦」的錯覺。生活當中苦的地方太多了，並不是每個人都會看到，也不是每次都要透過訴苦來證明自己的存在。就像毛毛蟲由蛹變成彩蝶時，大家只會注意到蝴蝶翩翩起舞的美麗，卻沒想過毛毛蟲時被嫌棄的時候，以及成蛹時的煎熬與孤獨。

我曾經沒有地方住，獨自一人在街頭想著為什麼流落街頭到居然沒有地方可以遮風避雨？我也曾經被騙錢，全身家當只剩下幾百塊錢，但是廠商的貨款我還是得想辦法付出來——很難想像當時是怎麼挺過的？

有些事情不提，也許是我們都想忘記過去痛苦的曾經，但是總在不經意的時候，這些記憶又會莫名地在腦海中浮現。就像是一種印記，提醒我們曾經完成的功課，也同時提醒我們不要再重蹈覆轍。

現在當講師，難免會有不開心，但我都會嘗試找到「每件不開心的背後，應該都會有讓我們以後開心的秘密」。若沒有我過去的痛苦與迷惘，也不會有現在的我，謝謝過去在我生命中出現，幫過我度過難關的每一位，也謝謝給我機會的每個合作夥伴。

最終章

每個老鳥，
都曾經是菜鳥

剛踏出社會那時還找不到人生方向，一開始先去夜市賣滷味，但覺得一直這樣下去也不是辦法。因緣際會下，到板橋江子翠一間管理顧問公司當助理，那時候還不是講師，只負責講座課程的行政庶務，及實習怎麼辦一場課程活動。但那時候我沒有什麼自信，有一次在上課前要在講台上簡短說明講座注意事項，我拿著麥克風，腦筋一片空白，手還會發抖。

我印象深刻的是，那時候我連要處理一項非常簡單的行政庶務，但我完全不知該從何著手。那時候的心情其實很徬徨。

「你怎麼什麼都不懂？」那時候帶著我的姊姊對我這樣說。

她的語氣不是責備，而是知道我哪裡該加強，然後帶著我一步一步調整。姊姊溫柔的心，點出我應該要懂的「眉角」。她是我踏入社會中的一位貴人，沒有因為我沒有自信或什麼都不懂，就對我指指點點，而是給我指點與提點。

我輔導過一位學員，他的人際經營與社交互動能力不好，譬如他的好朋友開店，他沒有表示任何關心，捎個祝賀的訊息或者送個花禮、匾額都沒有。他覺得只要內心祝福就好了。但其實如果能夠把禮數做好，贏得面子和裡子，對於人脈拓展會有很好的加分效果。

在他過往的經驗裡就是埋頭苦幹，覺得做好自己然後努力就可以，忽略了人際關係，因此也讓他在成長過程吃了不少悶虧。我提醒這位顧問生一些做人互動的眉角，他居然愣住，然後很慌張。因為並不是他做不來，而是從來沒有人跟他說這樣做會更周全、更加面面俱到。

看著他的反應，我內心浮現了「你怎麼什麼都不懂？」這句話。原來當初姊姊對我這樣說的時候，也是這樣的心情。他不是不想做好，而是要有人告訴他該怎麼做；他不是不想負責，而是要有人先願意為他負責。我常在想，如果他知道，而不去做，就是知道和做到的距離；但萬一，他不做是因為他不知道，那麼我應該是要先讓他知道，而不是苛責他怎麼沒做到。

我訓練過很多學員，有很多在職場中表現很優秀的人，其中不乏優秀到害怕犯錯，這類型的人通常過去都是表現很好的，在他們的人生中，只有從一百分往下扣。他們過往的經驗是，只要考好或表現好，就可以得到獎勵；考不好的話，少一分、打一下。但「打一下」只能讓他們知道沒有符合預期標準，卻仍舊不知道要怎麼調整和修正，才能讓下一次更好。或許，也因為我們的教育體制常有考核或評核制度，而且常常是一試定生死，以致讓很多人在工作中認為只要照章行事就不會錯，「多做多錯、少做少錯」的害怕犯錯心態，限制了創意和許多可能。

而我，是從一無所有當中，嘗試許多可能。

我告訴自己最差頂多回到原點，但這中間累積到的經驗都是我自己的，所以在我的經歷裡都是從零分往上加。起點不同，但是每次的進步都是加分，都帶來能量和快樂。就像我在艾菲爾鐵塔，從地面上逐漸向上看時，高度不同、視野不同、心境也不同；當從底層逐漸升高的時候，會充滿了興奮與驚奇。

而那些一開始就很優秀的學員，就很像已經站在鐵塔的頂端，只要往下一點點，就會覺得自己要墜落。但世界並不會像你想的那麼糟糕，天地那麼大，再往前走一點，就能看到下一個景點。

我高職畢業，但在許多知名品牌擔任顧問講師，但總覺有些遺憾，一念之間想回學校，沒唸大學直接跳級報考研究所。當時面試的三位教授，看了我的學經歷後問我：「給我一個給你機會的理由？」

我停頓了三秒，心裡的激動，讓我腦海裡的畫面三百六十度快速轉動著，這個問題好像把我吸進了一個漩渦裡，「學歷」的那道坎好像又出現在面前。

吸了一大口氣，忍住不能眼眶紅——這時候我不能當機，我冷靜下來，跟面試官說：「我很平凡。看著過去的自己，在爭取許多工作機會時，沒有優勢，還有許多不被看好和冷嘲熱諷……如果我真的跳級唸了EMBA，我想我可以鼓勵那些跟我一樣曾經沒有自信的人，讓更多人知道：如果東明老師可以做到，你們一定也可以。」我也想要讓支持我的人，知道我持續在優化自己。

現在的我是專業講師和輔導案顧問，還是EMBA學生。

有一次在台上授課，下課離開教室時，在電梯口突然一種熟悉感浮現，感覺這棟大樓似曾相識，離開大樓後還是想不起來，走向江子翠捷運站前，我再回頭看一下大樓，突然才想到十幾年前，我在這棟大樓工作過——就是負責安排講座課程那間公司。那時候我剛出社會，還不知道要往哪裡去，我在這裡待過，同一間大樓，不同樓層、同樣的空間；再回到這裡，場景不同、身分也不同。我在街角的超商點了一杯咖啡坐下，品嘗過去那段日子，如果十幾年前的東明出現在這裡，我會想對他說些什麼？

拿起桌上的熱咖啡喝一口，深吸一口氣後，我說：「東明，不要想太多，往前走。」因為所有問題的答案都在前方。

這幾年我做了什麼，讓我可以回到同一個地方，卻有著截然不同的心情？我想是我沒有放棄自己，不斷地努力讓自己變得更好，讓自己的生命沒有白活。

已經發生的事，不可能讓它沒有發生，活在過去，沒有意義；經營未來，才有價值。每個人都有不同的人生道路，只要追求自己的目標，不需要比較彼此路程的遠近；只要是實現理想需要做的事情，再困難也要做。每個人的努力都不會白費，但也不能期待一次的努力就可以改變一生。

沒有人是完美無瑕，也沒有人一無是處。人生一定會有遺憾，有時高居鋒頭，有時困頓疲乏，能夠認清這點，就會以寬廣的態度面對人生。

找出自己的優勢，將劣轉勝

「你不是怪而是特別。」這句話是我進入企業講師時，支撐我往前走的信念。

當我有機會轉型成企業講師初期，雖然很想大展身手，表面上自信有活力，內心卻對自己超級沒有自信。現在我可以大膽講出來，不怕被笑！自己的學經歷不漂亮，聰明卻不是很會唸書，在班上的成績算中後段，家裡花了很多錢找家教、上補習班還是沒啥進展。不過我很喜歡攝影，唸書主修攝影，當兵前後都是從事跟攝影與錄影相關的工作；在廣告公司從什麼都不會的攝影助理，到什麼都會做的攝影師……會當講師，真的是誤打誤撞。

要勝任講師，就算再怎麼厲害，也是要有管理顧問公司認同、企業客戶願意買單。我從來不會隱瞞過去，會什麼就說什麼，說了什麼就要做出什麼。有一個管理顧問公司的M先生，比我還年輕，在業界已有很久的資歷，當兵前就擔任管理顧問公司的工讀生。我認識M先生時，他在管理顧問業的資歷就至少有八年以上，可以說對這個產業十分熟悉。

一次私人聚會中，我把我內心的問題，直白問他，也希望他的回答不要包裝客套。在一來一往的過程中，我同步放大檢視了自己。他說了一句影響我的一句話，「你不是怪而是特別。」（雖然M先生下一句沒說的可能是「你不是怪而是特別怪。」）

他告訴我，學經歷都是參考，「但你的工作經歷，一直在接觸不同產業和不同年紀，如果你都可以跟這不同產業的客戶交手，加上你對人的敏銳度、反應夠快，真的很適合教銷售、溝通、服務。」

在沒有洋洋灑灑的學經歷背景下，M先生卻相信我的特質；對一個沒有自信的人，給予信心，那是一種很大的鼓勵。

我心裡覺得M先生說的是「客套話」。但沒過多久，他就把我的講師資料送到金控公司，爭取一次與客戶直接面對面的會議。當我們倆一起到金控大樓，準備按電梯上樓時，M先生看著我，「你放心，等等就做你自己，其他的交給我。」

那場會議M先生幫我開場，他在介紹我時的眼神及自信，讓客戶對我充滿期待。那次的合作，我們在沒有吹噓與過度的包裝下，獲得客戶賞識。從那時候開始，我開始北、中、南金控產業巡迴，也進了老字號銀行教理專銷售金融商品，而我自己也設定目標，不斷精進自己。

盤點自己優勢、個人特質後，我希望自己往流通業、精品業、美髮美容業經營。因此客戶逐步拓展，從國產車到進口車，從女裝飾品到精品，同時還安排自己到偏鄉部落教原住民行銷產品、到高雄協助型農提升自信。我常笑著說，從教廿元一把青菜，到千萬的高級珠寶，我要求自己教什麼，我就要像什麼。如果我比學生們還更像產業的專業人士，那麼你們（學生們）就該檢討了囉！

謝謝當時對我說「你不是怪而是特別。」的M先生。我告訴我自己：「不是怪，我是真的很特別！」話說回來，你知道自己特別的亮點在哪裡嗎？

國家圖書館出版品預行編目(CIP)資料

職場巧實力：說話不費力 縱橫職場無往不利 / 王東明著. --
初版. -- 臺北市：遠流出版事業股份有限公司, 2024.02
面；　公分

ISBN 978-626-361-478-9(平裝)

1.CST: 說話藝術 2.CST: 商務傳播 3.CST: 職場成功法

192.32　　113000257

職場巧實力

說話不費力　縱橫職場無往不利

作　　者——王東明

主　　編——許玲瑋
封面設計——兒日設計
校　　對——魏秋綢
排　　版——立全電腦印前排版有限公司
製　　版——中原造像股份有限公司
印　　刷——中康彩色印刷事業股份有限公司

發 行 人——王榮文
出版發行——遠流出版事業股份有限公司
地　　址——104005 台北市中山北路一段11號13樓
電　　話——（02）2571-0297
傳　　真——（02）2571-0197
著作權顧問——蕭雄淋律師
遠流博識網 http://www.ylib.com

YLS010
ISBN 978-626-361-478-9
2024年2月1日初版一刷　　定價380元